香江舊事

中華書局

葉靈鳳 著

目錄

導讀

——李廣宇

定居香港三十七年，葉靈鳳書寫香港的山川草木，追索香港的前世今生，開創了香港研究的先河，為香港留下了豐厚的文化遺產。在多達百萬言以上的香港書寫中，最具歷史價值的，恐怕就是這本《香江舊事》了。

所謂「香江舊事」，是指「當年的英國殖民主義者如何處心積慮的侵佔香港九龍和所謂『新界』的經過，以及百多年來他們在這裏壓迫剝削我們同胞的罪行」。這個舊事，在英國殖民統治時期是諱莫如深的。黃蒙田認為：「當時用中國文字寫的這方面著作幾乎等於空白，如果說有站在中國人立場較為有系統地把這一時期的歷史真實加以整理填補了這塊空白的，是靈鳳這方面的著作。」香港歷史博物館前總館長丁新豹更說：「細算起來，我接觸香港歷史，可能是從霜崖的《香江舊事》

開始。那時的中學歷史課程到鴉片戰爭前便告一段落，要了解英國掠奪香港的經過，及開埠初年的管治，便需倚賴課本以外的書籍。我便是通過這本書對這個當時相當敏感的課題獲知一二，所以說《香江舊事》是我認識香港歷史的啟蒙書籍。」

在一九四五年八月十一日的葉靈鳳日記中，有這樣一條記事：「報載香港邊界因界石損壞，香港政府要求中國會同勘定邊界，擬乘這機會寫一篇關於九龍割讓和租借的論文。」這是葉靈鳳關注香港史地的最早的記載，由此也可以知道，他之關注香港史地，正是起始於「英國侵佔香港史」這個專題。嶺南大學歷史系教授劉智鵬說：「他對英國人佔領香港這段歷史有相當強烈的反應，認為這是一件『煞風景』的事情，並且特別為此事寫了一篇題為『大笪地的痛心史』的文章。事實上香港人生於斯長於斯，大多數人對割讓香港並沒有特別的感覺。葉靈鳳對百多年前發生的事情產生鮮活的共鳴，是南來文人從中華民族的大歷史視野中對香港所表達的關懷。」趙稀方更指出：「在較少有殖民反省的香港史上，葉靈鳳的這些著述是很獨特的。」「（香港）開埠百年來的歷史全是由西人敘述的，葉靈鳳以詳盡的歷史敘事的方式申訴了中國人的立場，打破了西方人對於香港的知識壟斷，這是他的香港著述的根本意義所在。」

葉靈鳳有意識地進行香港史地研究，直接的契機是他在一九四七年應聘為《星島日報》主編一個《香港史地》副刊。在〈《香港史地》發刊詞〉中，葉靈鳳也強調了香港的被侵佔所具有的歷史意義：「不管你是喜歡還是憎惡，香港終是一個重要的而且值得研究的地方。中國近代對外關係的變動，是以香港為轉捩點的。一八四〇年在中國近代史上是一個重要的年代：中國上下從那時起開始對所謂列強有了新的認識，而列強也開始對這個『天朝』有了新的認識。香港恰恰就從這時在歷史舞台上出現。」同時他也指出：「對於這樣一個重要的地方，我們可說太缺乏注意了，更談不到學術上的研究。」從這時開始，葉靈鳳致力於香港史地的研究，他說：「這許多年以來，我一直在留意鴉片戰爭歷史和香港百年來受殖民統治的過程，過去的一些有關這些課題的出版物，差不多都涉獵過了。」

能夠全面考證「英帝國主義侵佔香港」的史話，則是緣於一九六七年香港爆發反英抗暴的「五月風暴」。葉靈鳳認為：「這一次，自五月抗暴運動開始以來，英國悍然採用法西斯兇殘手段對付我愛國同胞，欠下了大批新的血債，新仇舊恨，更是到了一定要徹底清算的時刻了。」在這樣一個特殊時期出版這樣一本書，目的就是「為了教育自己，為了使大家更清楚的理解英帝國主義百多年來侵略香港的前因後果」。

正因為成書於這樣一個特殊年份，所以，「字裏行間浸透了感情色彩」，這也正是葉靈鳳的獨到之處。丁新豹說：「葉氏的文章短小精悍，文筆潑辣，絕不沉悶；另一方面，葉先生原是作家，並不是歷史學家，他愛恨分明，反英反殖民統治的立場十分鮮明。」劉智鵬說：「葉靈鳳觀察歷史的時候，往往帶有文人的靈銳觸覺，可以從一般人忽視的現象中看出獨特的歷史意義。因此，他有時候也不免以文人的心思對待歷史。」但葉靈鳳並沒有流於「感情用事」，而是言之有理，事出有據，篇篇都是嚴謹的學術考證。劉智鵬就説過：「葉靈鳳的文章字數不多，卻參考了大量史料，並且經常在有限的空間裏反覆論證。這些文章已經超出了掌故的水準，進入了歷史筆記的範圍。」

葉靈鳳的女兒葉中敏曾透露：「在葉靈鳳逝世後，其生前好友夏衍先生說，葉靈鳳一生最重要的成就是有關香港歷史掌故的工作。其有關著述為國家其後一九九七年收回香港也提供了重要的參考依據。」這當中，《香江舊事》所發揮的作用應該是最大的。它不僅為我們在香港恢復行使主權提供了無可辯駁的鐵的事實，甚至還做出了頗具前瞻性的預言：「它們十分明白，新中國無須動用武力，只要用一紙通知，或是一個電話，說要提前收回九龍新界租借地，香港就立時要變成『皮之不存，毛將焉附』了。」

香港回歸已經二十七年，在這個時候重印葉靈鳳的《香江舊事》，仍是很有意義的。不僅是向葉靈鳳先生表達崇高的敬意，更可以使我們重讀經典，勿忘歷史，愛國愛港，開啟未來。

李廣宇，著名藏書家、內地退休法官、葉靈鳳研究專家，著作包括《葉靈鳳新傳》、《鳳兮鳳兮葉靈鳳》等。

序香江舊事

自本年五月以來，香港愛國同胞展開了一場轟轟烈烈的抗暴運動，清算百多年來英帝國主義在香港積欠下來的舊恨新仇。自一八四一年二月二十六日（滿清道光二十一年正月初四日），當時英國派到中國來主持鴉片貿易的所謂：商務監督義律，根據與滿清欽差大臣琦善私下擅自非法訂立的《穿鼻草約》，派兵佔領了香港島以後，英國殖民主義者對島上的中國同胞就開始了他們的侵略。這種侵略是藉了種種政治經濟文化壓迫手段來進行的。並且得步進步，逐漸侵佔了九龍和所謂「新界」的廣大地域以及海中的許多島嶼。

一百多年來，英帝國主義在香港九龍和所謂「新界」各地的侵略壓迫行為，從未停止過。而且為了要達到剝削壓榨和鞏固統治的目的，在過去早已不惜一再採用血腥的鎮壓手段。因此百多年來英帝國主義者在這裏所欠下的舊債，事實上是一筆血債。

這一次，自五月抗暴運動開始以來，英國悍然採用法西斯兇殘手段對付我愛國同胞，欠下了大批新的血債，新仇舊恨，更是到了一定要徹底清算的時刻了。

為了教育自己，為了使大家更清楚的理解英帝國主義百多年來侵略香港的前因後果，在這幾個月來，我曾經翻閱了不少有關史料，同時更將自己閱讀所得介紹給大家。本來，這許多年以來，我一直在留意鴉片戰爭歷史和香港百年來淪為殖民地的過程，過去的一些有關這些課題的出版物，差不多都涉獵過了。但是這一次，我更將注意力集中在揭發英國殖民主義者的醜惡面目和在這裏歷年所犯下的罪行，因此能發掘出許多新的資料。這裏所寫下的，就是其中的一部分。

通過這個集子，我希望能使大家明白當年的英國殖民主義者如何處心積慮的侵佔香港九龍和所謂「新界」的經過，以及百多年來他們在這裏壓迫剝削我們同胞的罪行。眼前的抗暴運動正是他們自己種下的惡果。現在不僅是中國同胞要徹底清算這些罪行，也是他們自食這些惡果的時候了。

霜崖　一九六七年十一月

《香江舊事》原版封面

香港的「序曲」

有一部新出版的有關香港的新書，是奧斯丁·柯地斯的《香港的序曲》（*Austin Coates: Prelude to Hongkong*）。

作者曾經在英國在遠東各殖民地任職過二十多年，也曾在香港任過行政官，是所謂「中國專家」之一。《香港的序曲》不是小說，是歷史讀物。他將「香港」誕生的歷史從明末清初歐洲的殖民貿易者想闖破這東方老大帝國閉關政策的企圖說起，一直到在鴉片的戰火中，英國遠征軍趁機派兵在香港登陸為止。

這是一切要敘述香港早年歷史的外國作者最感辣手的一個問題，因為如果要正確的敘述香港在這期間的史實，就無法不承認，遠在《南京條約》產生之前，這座小島就早已被佔據，並且被單方面宣佈是自己的殖民地了。

《香港的序曲》的作者自然是明白這樣過程的，而且也無法避免不加以敍述，因為他要寫的正是這一段期間的這座小島的歷史。但是，從一個外國人的立場，如果要將這一段歷史寫得詳細而且公正，是很難適合自己人口味的，因此作者特地將這段歷史推溯到更遠，從葡萄牙殖民者同明朝的貿易關係説起，一直説到澳門的出現，然後才出現藉了澳門作跳板的東印度公司商人。

但是，千言萬語，歸納起來，「香港」誕生的「序曲」，那「樂章」仍是不會改變的，這該是一首三部曲，即鴉片貿易，《穿鼻草約》，武裝佔領。

「香港」誕生的最重要關鍵，該是那幾條見不得人的《穿鼻草約》，這是英國商務監督義律同滿清欽差大臣琦善，在虎門外穿鼻洋上的船中訂立的，所以稱為《穿鼻草約》。

這是在事前都未得到雙方政府授權、在事後也不曾獲得雙方政府同意的最荒唐的一份條約，是義律和琦善兩人擅自訂立的。在琦善方面的用意是：對方追得這麼緊，姑且藉這份草約敷衍一下，另圖良策；在義律方面的用意是：先迫你承認這些條件再說，以後不怕你會抵賴。就這樣，就在這幾條《穿鼻草約》之中，有一條是琦善答應將香港這小島給與英國商人作曬貨修船暫住之用。義律就是手拿着這草約，派兵在香港島登陸的。

這一份條約，雙方的政府事前固然不知道。事後知道了，英政府以《穿鼻草約》勒索利益太少，拒認該約，並將他撤調回國；滿清政府更因為琦善擅自將「天朝」的土地給與「夷人」，乃將琦善抄家充軍。然而「香港」就這樣糊裏糊塗，將錯就錯的「誕生」了。

義律攘奪九龍香港的前奏

英國殖民者垂涎香港島和九龍，遠在鴉片戰爭以前。一八三九年九月間，林則徐加緊限制英國鴉片商人在廣州和澳門的行動，英國駐華監督鴉片貿易的頭子義律公然頑抗，他不許英國鴉片商人遵守林則徐的禁煙法令，吩咐所有新來到廣東的英國鴉片商船，不許再進黃埔報關驗貨，一律暫時停泊在九龍尖沙咀洋面，聽候他的交涉。他並且將手上所有的兵船也集中在九龍香港洋面，同時又寫信向印度請援，要求加派兵船前來，實行用武力對抗林則徐的鐵腕，結果就釀成了在九龍尖沙咀和官涌幾次與滿清水師的衝突。這是鴉片戰爭的前奏，也是義律開始起意攘奪九龍香港的前奏。

在一八三九年九月五日這天，林則徐嚴令澳門的葡萄牙人斷絕對英國煙商的伙食僕役供應，不許再庇護他們。義律眼看自廣州撤退到澳門的本國煙商已陷於絕路，就下令他們全體自澳門撤退上船，駛到九龍與香港之間的洋面暫避，從這時開始，義律就認為如果能攫得香港島，英國的鴉片貿易就有自己的立腳地，不必再依靠澳門的葡萄牙人，寄人籬下了。

義律這時準備強賴在尖沙咀洋面不走，強行派人上岸向香港汲取食水，向九龍村民強購食物。釀成屢次事端的經過，在柯里斯所寫的那部「洋泥」內，有很詳細的敍述。當然，他對林則徐的政策和滿清水師的作戰能力不免有些故意歪曲的地方。但是由於他寫這本書時，曾參考了一些新資料，這是香港渣甸洋行贈給英國劍橋大學圖書館的一批該行舊檔案，包括有信件七十七卷，賬冊日記報告等六十六卷，還有一些私人往來信件六十八箱。這些都提供了以前撰寫鴉片戰爭史的人所未動用過的資料，也是可以與中國自己資料對勘的新資料。以下選擇的是義律下令自澳門撤退到九龍與香港洋面的最初幾天情形：

八月底（一八三九年）正是大隊商船來到的時候。義律經已禁止他們駛入黃埔。當避難者駛入香港時，他們發現在這水道上者已有五十艘（按此處就是指香港水道）以上，因此毫無困難的獲得了他們的招待。馬遜已經預料到他的公司將暫時寄居水面上，因此寫信給馬尼拉的代理人，請他們寄供應品來。

製成的麵包食品，似乎是我們最需要之物，如各種的乾麵包及餅乾之類，以便供給我們自己及船員們。我們希望能有充份的供給，以便可以在我們的友人需要時惠贈他們……

……英國人撤退到香港將近一星期之時，林則徐（他是在三天之前到澳門的）發了一張佈告，要求住在九龍及香港島對面的官員和百姓，「忠誠的阻止並割斷英國人的一切供應品，以便他們害怕，可以服從。」他又說，沒有吃的外國人，也許要企圖上岸強買食物。「為了這個緣故，我籲請士紳長老，以及沿海村落的一切店主和百姓，購置刀槍武器。如果發現任何上述的外國人企圖上岸，一切人等都可以向他們開火，或加以活捉。」甚至汲水也在禁止之列。

林則徐預計這道命令可以結束了這問題。商船如果不駛入黃埔，任隨搜查鴉片（如果有煙土被發現，船主即應入獄），遵守通商舊例，一如舊時船隻及商品都在廣州勢力範圍之內那樣，他們便只有起碇回國去。不過，也有第三路存在，那就是外國人也許會開戰。但是，林則徐不相信外國人有力量可以取勝。他們的人手怎樣可以敵得過他呢？此外，他們的軍火也無法接濟。林則徐這麼說服自己，他們一定會服從，拋棄私販鴉片貿易，重行進省照舊恢復通商。他為什麼不曾料到，當他對於他們極端侮辱的消息一旦到達倫敦之後，他們會從祖國大量的增援……事有湊巧，就在他發表這滿懷敵意的佈告這一天，有二十八尊大礮的巡洋艦「伏拉奇」號，艦長是史密斯，恰從印度開抵香港，這是印度總督奧克朗接得義律請求保護的書信後派來的。

史密斯艦長報告，還有一艘較小的十八尊礮的「亥辛斯」號巡洋艦，已經跟着來了。這消息使得大家都興奮起來。兩艘巡洋艦已足夠保護商船，抵抗滿清水師船的任何攻擊，雖然還不能解除火船的威脅。這是中國人最拿手的武器，用來攻擊停泊在香港這樣港內的船隻。

不過，在「亥辛斯」號未抵達之前，最嚴重的問題已經發生了：如果船隊準備繼續停留在這裏，義律便不得不設法獲得糧食和淡水。否則，他惟有更進一步撤退到馬尼拉去。但這樣又推翻了他們同留在廣州的英國商人所作的協定，由他們將茶葉貨物轉送到香港水道來。

因此，在九月四日，他便出發去試試看解決淡水和糧食問題。他帶着他自己的單桅帆船「露沙」號，另一艘武裝小船「珍珠」號，以及「伏拉奇」號所附屬的一隻大艇，由史密斯艦長自己駕駛，來到九龍岸旁。他們發現有三隻大的中國武裝帆船，一字排開停泊在建築堅固的礮臺下面。

駛近距離滿清水師船傍有一箭之遙的地方，義律吩咐精通華語的郭士立，乘了小艇帶着兩份文件去見他們的指揮官。一種文件是要求淡水，另一種是要求食物。當小船靠近大船時，水師的兵士們用長矛阻止英國人爬上船板。郭士立辯解說，他和他的來人都沒有武裝，這樣說服了他們。隨即有一個人走過來同他們談話。這人似乎是水師軍官，他說，他不能接受文件，但是願意從口頭上聽聽這些外國人有什麼要求。

郭士立說，他們要糧食和水。軍官說，因了林則徐的命令，他愛莫能助，但是願意將他們的要求報告給上司。郭士立在他的記載上寫道：「我於是掉頭向中國船上的船員們說，如果你們也缺乏食物，相當時間之後，又阻止你們去購買，你們這時是靜候上司去商議這件事，還是用自己的力量設法去購買呢。他們都一起喊着道，當然誰都不願活活的餓死。」

不過，那個軍官卻吩咐他們不得亂嚷，同時為了打發走他的訪問者，他提議他們不妨到另一隻船上去試試看，因為那邊有一位地位較高的軍官。郭士立等如議行事，又到另一隻船上去訴苦和要求，描摹他們又饑又渴的情狀，要求中國人顧全人道。又嚴重的警告他們，不宜過分激怒英國人。

第二隻船上的官員也在想法怎樣遣開他們。於是也運用了第一隻船的老例，慫恿他們到第三隻船上去試試看，保證他們在那裏一定可以獲得滿足。仍懷着相當希望，郭士立先回到「露沙」號與義律商議之後，又划向第三艘水師船去。在第三艘船上，他的話幾乎可以使得石頭感動，連哄連嚇，可是仍無效果。

這第三位中國軍官，因為沒有第四位可以推諉，便向岸上的礮臺送信通知，叫他們裝砲準備開火。他的表示太明顯了，於是郭士立即刻撤退。這一次的談判花費了六小時，仍是一無所獲。

義律和史密斯焦灼異常，他們因了這樣耗費時間，愈加不能忍耐。當郭士立終於空手回來以後，他們立即派了一隻小船，到沿岸更遠一點的一座村莊上去，準備向那裏去買食物。去的人已經順利的完成了他的購買，正準備將食物運上小船，不料一隊巡邏的兵士到來，強制人將食物搬回去。

空船回到露沙號以後，經過整天辛苦期待的義律，忍不住性子發作了。同時，史密斯也不是一個遇事可以忍耐的人。當義律聲言要使滿清水師船吃礮彈的時候，這艦長就即刻熱忱的加以贊助。於是露沙號、珍珠號，以及伏拉奇號上的那隻大艇，就一同開火。滿清礮臺和水師船也還礮回擊。滿清方面本有五倍以上的礮位，但是並未佔上風，因為礮手的瞄準實在太差了，他們沒有一礮擊中目標。但是戰船自己受損已經很重。

經過半小時交戰之後，義律船上裝好的彈藥已經用罄，於有下令駛出射程之外，以便重行裝配火藥。這時，滿清水師船不僅不企圖追趕，反而自己想避入一個小港內。可是他們的帆槳已損壞過甚，當義律重行裝配之後，又趕上他們，再向他們轟擊。當他率領珍珠號去截攔他們時，史密斯趕緊乘了小艇回去召喚他的巡洋艦。在這行動中，珍珠號留在後面，僅剩下露沙號單獨對付三艘水師戰船。它的礮火和駕駛十分超越，竟在巡洋艦未來到之前已經將它們趕走。這時，天色已經暗了，太陽已經落山，義律不得不中止行動……

這一次的衝突，是鴉片戰爭未開始以前，英國推銷鴉片的武裝船隻同滿清水師和礮臺的第一次衝突，而地點正是在香港水道上的尖沙咀洋面。在今天看來，這是特別值得重視的。因為監督鴉片貿易的頭子義律，顯然在這時就早已看中這一帶的地方了。

這一次的衝突，在滿清的記載上稱為「九龍衝突」。當時林則徐和負責水師防務的提督關天培，曾會銜將經過情形上奏與道光知道。他們所奏報的，比上述「洋泥」一書所記的較為詳盡，而且有很多不同之處，對照之下，就可以使我們知道這一次衝突的真相了。

這以下是當時林則徐、鄧廷楨和關天培三人會銜，為了義律在尖沙咀洋面啓釁，襲擊滿清砲臺和水師事，給道光的奏章：

竊照英吉利國領事義律，前因求在澳裝貨不准，輒將該國新來貨船阻留尖沙咀洋面，圖賣鴉片。並主令奸夷空躉，任意逗留；又命案抗不交兇，給諭亦不接受（按此處所指，是英國水兵在尖沙咀因強購食物不遂，毆死尖沙咀村民林維喜一案）。是以臣等斷其接濟，並派兵分路嚴防。義律與住澳各英夷，悉行遷搬出澳，經臣等於七月二十四日會摺具奏在案。嗣知被逐奸夷，多住尖沙咀船上。臣林則徐臣鄧廷楨當即移駐虎門就近調度。臣關天培自七月以來，常在沙南洋次，督領本標師船，與調到之陽江碣石兩鎮舟師，排日分合操練，以振軍威，並加派弁兵，協防排練，添雇水勇、裝配火船，以備隨時調遣。

旋據探報，義律將該國貨船中挑出船身較大之得忌剌士等船兩隻，及屢逐未出之空躉數隻，一併湊集礮械，假扮兵船，又有自夷埠新來之兵船一隻，番梢礮械較多，拋泊各夷船之前，恃為保護。臣等於各路水陸要口，雖已嚴密佈置，不使一處空虛，仍諄諭領兵各員，不得輕舉肇釁。原冀義律早知悔悟，果能交兇繳土，將貨船陸續進關，即可撤去兵防，照常貿易。

詎七月二十九日，接據大鵬營參將賴恩爵稟稱，該將帶領師船三隻，在九龍山口岸查禁接濟，防護礮臺。該處距尖沙咀約二十餘里，七月二十七日午刻，義律忽帶大小夷船五隻赴彼，先遣一隻，攏上師船遞稟，求為買食。該將正遣弁兵傳諭開導間，夷人出其不意，將五船礮火，一齊點放。有記名外委之兵丁歐仕乾，彎身料理軍械，猝不及防，被礮子打穿脅下殞命。該將賴恩爵見其來勢兇猛，亟揮令各船及礮臺弁兵施放大礮對敵，擊翻雙桅夷船一隻，在漩渦中滾轉，夷人紛紛落水，各船始退。少頃，該夷來船更倍於前，復有大船攔截鯉魚門，礮彈紛集，我兵用網紗等物設法障避，一面奮力對擊。瞭見該夷兵船駛來幫助，該弁等忿激之下，奮不顧身，連放大礮轟擊夷人多名，一時看不清楚，但見夷人急放舢舨下海撈救。時有兵丁陳瑞龍一名，手舉鳥槍，斃一夷人，被回礮打傷陣亡。

殆至戌刻，夷船始遁回尖沙咀。

計是日接仗五時之久，我兵傷斃者二名，其受傷重者二名，輕者四名。師船間有滲漏，桅篷亦有損傷，均即趕修完竣。嗣據新安縣知縣梁星源等稟稱，查夷人撈起屍首，就近掩埋者已有十七具，又漁舟送見夷屍隨潮漂淌，撈獲夷帽數頂，並查知假扮兵船之船主得忌剌士手腕被毆打斷。此外夷人受傷者尤不勝計。

這就是滿清方面所記的義律在九月四日、在尖沙咀洋面襲擊滿清水師，水師回擊的情形。又據另一份官方的記載，義律在這一役中，他的帽帶也被滿清水師的大礮打斷了。

從這時起，義律就一直為香港水道作為鴉片武裝走私的根據地之一，他熟悉了香港的港灣和地形的優勢，因此後來向林則徐的繼任者琦善提出「割讓島地」的要求時，他就一口指定要香港島了。

英國殖民者霸佔香港經過

遠在英國殖民主義者不曾打起推銷鴉片的幌子、大規模向滿清發動侵略戰爭之前，他們派到廣州來監督鴉片貿易的商務代表義律，就已經用欺詐的手法，私下向一個糊塗的滿清官員騙到了這座小島。

這件事情當時滿清的道光皇帝固然不知道，而遠處幾千英里外的英國維多利亞女王自然也不知詳情。這樣瞞了國家和政府，私人將國家的土地由一個官員給與另一個國家官員的行為，對授受雙方來說，不僅都是不合法的，而且都是一種罪行。

所以「香港殖民地」這個名詞，同「鴉片戰爭」一樣，英國人一直不大喜歡提起，原因就是他們自己明白，從一開始，就是一種不名譽的非法的產品。

正是因為擅自騙取了一座香港島這消息傳到倫敦後，義律就立即被召回國，接受質詢，並且改調職務。換句話說，就是被「炒了魷魚」。

至於那個糊塗的將「香港島」當作禮物「給與」義律的滿清官員，不是別個，乃是道光皇帝派到廣東來的欽差大臣琦善。他是林則徐的繼任者，自負懂得用手段「懷柔遠人」，結果竟將香港島「給與」義律使用。這事被道光皇帝知道後，「天顏震怒」，他認為琦善擅自將「天朝土地」給與夷人，大逆不道，立時下旨褫奪他的一切職務和頭銜，將他鎖拏來京，抄家問罪。本來要處斬，後來改判了充軍罪。

義律和琦善兩人私下交易的這一幕，是發生在滿清道光二十年的年底（公元一八四一年）。在十二月二十六日這天，琦善與義律在穿鼻洋的舟中相見，通過了一項雙方暫時妥協的條件初稿，其中有一項相對的條款，是英軍退還所佔領的虎門沙角砲臺和浙江定海。琦善則將香港島「給與」英人寄居，中國仍可以在此徵稅。

這就是英國人所說的《穿鼻草約》的一部分，也就是英國殖民者用作霸佔香港的原始根據。事實上是，這一份草約，是琦善和義律兩人私下擬定的，雙方政府事前完全不知道，也未曾授權給兩人訂立這項條約，事後也始終不曾蓋章承認，所以始終稱為「草約」。

義律和琦善兩人的性格完全不同。義律用威迫利誘的方法，迫使琦善簽訂了這幾項草約後，就一面向倫敦報告，一面實行派兵去佔領香港，認為自己立了一個大功。至於琦善，則恰恰相反，他預料這事可能會使道光生氣，決定暫時瞞了他再說。

琦善擅自同義律簽訂了幾項草約（即所謂《穿鼻草約》），答應將香港島「給與」義律之後，他自知這事可能會遭到道光皇帝的拒絕，因此不敢直接將訂立了這樣條約的事上奏，卻在奏章上改用代英夷「籲懇天恩」的口吻，恩請皇上在粵東海邊撥一塊地方給英夷暫居。

在琦善的心中，打的是如意算盤。即如果道光答應了這要求，他就可以兩面邀功。如果道光不肯，他決定向義律「乾賴」，到時另用別的手段敷衍過關。琦善自以為自己能使用圓滑的外交手腕，沒有想到義律是比他更為狡猾的一頭老狐狸。

他認為琦善既是「欽差大臣」，在草約上簽了字，就可以作據，不怕他抵賴。因此在琦善打算如何向皇帝說謊之際，義律已經通知海軍，準備向香港島登陸，實行佔領了。

琦善自以為滿腹密圈，呈給道光皇帝的奏章，在揑造英夷「旋即自知懊悔」，情願交回定海和沙角礮臺後，就這麼代他們求恩道：

> 惟該夷素以懋遷為務，歷蒙天朝寬大之恩，准令通商，俾資生計。自斷其貿易後，舉國無以為生，並以該國距此數萬里，航海而來，動輒經年越歲，拋撇鄉井，隔離骨肉，情可矜憫。間觀西洋夷人久沐天朝懷柔曠典，得以攜眷在澳門寄居，今此事同一律，欲求代為籲懇天恩，自道光二十一年起，准其仍前來粵通商，並請倣照西洋夷人寄居澳門之例，准其就粵東外洋之香港地方，泊舟寄居，即不敢再求往他省貿易各等情，懇請代奏前來。

奴才除給咨該夷，令其作速由海道齎赴浙江，將定海刻即繳還，奴才亦即收回沙角外，可否仰懇聖恩，俟伊里布奏報收回定海，俯准該夷自道光二十一年起，仍前來粵通商，並倣照西洋洋人在澳門寄居之例，准其就粵東外洋之香港地方，泊舟寄居，出自逾格鴻慈……。

琦善自以為用這樣「瞞上不瞞下」的手法，可以暫時將私下擅給香港這件事情，拖延時間度過難關。沒有想到他的「如意算盤」並沒有打響。因為一：義律已經以他簽了字的草約為憑，派兵去佔領香港島了。二是他私下與義律訂約之事，已經被其他同僚知道，耽心牽連受到譴責，早已馳驛奏與道光知道了。

英國的所謂駐華商務監督義律，事實上是鴉片貿易推銷代表。這個販賣「黑貨」的英國殖民主義者小頭目，他在《穿鼻草約》中施用詭計，成功的將香港島弄到了手。但他存心要霸佔滿清的土地，卻不是對琦善的這一次才開始的。

遠在林則徐用嚴厲的鐵腕禁煙時代，義律在廣州被迫繳出了全部存煙，又被驅逐出境，從廣州趕到澳門，再從澳門趕下了海，住在船上。他眼看葡萄牙人在澳門可以自己建屋居住，真是又羨又妒，發誓一定也要給販賣鴉片的本國商人弄一個安身之所。本來，英國殖民者在過去早已覬覦澳門多次，曾經採用武力佔領，向滿清挑撥，以及利誘葡萄牙人與他們合作的種種手段，希望能插足到澳門，都不曾成功；這才對滿清的領土起了野心，決定也要像澳門的葡萄牙人一樣，在滿清領土上有一塊可以由自己用武力控制的居住地。

義律將這野心，向倫敦報告了，說這是唯一可以使得英國鴉片貿易在滿清發展的途徑，而且在實現這個目的時，是必須採用武力的。因此在一八四零年二月二十日，當時英國外務大臣巴麥尊，為了禁煙問題，向滿清宰相提出了一個照會。這是鴉片戰爭前期最重要的一個文件。後來這個文件經過半年之後，在道光二十年七月二十二日由琦善轉送到北京，並附有官方的譯文。其中關於要求居留地一項，巴麥尊曾提出一項這樣的要求，這可說是有關霸佔香港的最原始文件。

巴麥尊以「大英國主欽命管理通外事務大臣」的身份，向「大清國皇帝欽命宰相」，在照會中提出這樣一項要求道：

一、大英國家決要擔保將來妥當，按照兩國歷久相通之理，使凡有英國民人，赴到中國經商，倘務正經貿易，不得再遭強迫吃虧。又欲免或京師之上憲，或有天下口岸之地方官，不得擅自恃勢，累及在中國經商之英國商民。因此各緣故，大英國家催討在大清國沿海地方，將島地割讓與大英國家，永遠主持，致為大英國民人居處貿易之市，以免其身子磨難，而保其貲貨妥當。所割讓之島，廣大形勢之便，或止一島，或數島，皆照大英奉全權公使所擬也。

這乃是英帝國主義者公然要霸佔中國土地野心的最早證據。試想，巴麥尊以英國外務大臣的身份，竟公然在公文中向滿清宰相「催討」和「割讓」沿海島地，這是多麼野蠻無理的海盜口吻。

琦善這時從天津馳驛將巴麥尊的這個照會送呈給道光後，道光同大臣經過兩天的聚議，便有兩道諭旨給琦善，指示他如何應付這道照會的方針。其中關於英夷要求「割讓島地」部分，道光給他的指示是：

儻該夷仍求割讓海島，以為該國貿易之地，著諭以天朝與各國通商，本是格外施恩，但能恭順，概不拒絕，茲因嚴禁鴉片，該國不肯具結，是以降旨不與通市，該夷既要求照常貿易，自宜前赴廣東，叩關陳懇，何得擅駕多船，逕赴定海佔據城池，況海舶往來，均在粵海，斷不能另闢一境，致壞成規。

琦善接到道光的諭旨後，就在八月初二日致書義律，約他上岸來會談。義律答應了，就在大沽口臨時搭蓋的篷帳內，與琦善舉行了六小時的會談。這就是所謂「大沽會談」，時間是道光二十年八月初四，公元一八四零年八月三十。在這次會談中，義律首先向琦善表示，英國艦隊這一次所以北上，乃是由於林則徐和鄧廷楨在廣東方面虐待英國商人，所以北上要求申雪。琦善回答他說，林鄧已經撤職，如有冤抑，大皇帝一定肯為他們昭雪。至於要求「割讓海島」之事，琦善表示他完全遵照皇帝的諭旨向義律作答。他在這次的奏章裏告訴道光說：

該夷復求割讓海島，其始意欲佔據定海，臣隨遵旨諭，以天朝與各國通商，本係格外施恩，但能恭順，概不拒絕。前因嚴禁鴉片，該國不肯具結，是以不與通市；該夷既欲照常貿易，自宜倍加恭順，何得轉思佔據？姑無理不應讓，該夷亦勢不能佔。且如奉諭飭禁各處海道，商賈概行停止，無人前往購覓，又將從何銷售？該夷似以為然。

隨又懇於廣東澳門西洋人現住處所，分處一席之地，俾其攜眷寄居，仍歸天朝統轄，不敢割讓。臣覆以向未到過粵省。詢其從前貿易時如何存身，據稱前係賃西洋人房屋居住，因西洋人時與該夷爭鬥，是以有此請。

臣答以西洋夷人居住已久，歷年恭順，不能抽分。該夷又稱粵省沿海地方，無人之地居多，不拘何處，請假一隅，俾資棲止，臣詢以所稱無人之處，是否隸屬州縣，據稱均有州縣管轄……。

從琦善的這個奏章裏，可以看出義律仍念念未忘情於澳門，又趁機搬弄是非，說葡萄牙人的壞話，用意實在很卑鄙。同時，他又提出要求給與廣東沿海無人居住之地一處，可知他這時的心目中，早已看中香港島了。

琦善這時對付義律交涉的要點，乃是將禁煙焚煙的責任，完全推在林鄧兩人身上，答應他如有損失，皇帝將來一定會秉公辦理，勸他趁早撤舟南返，因為一切問題，惟有在南邊才有解決的機會，在北方是無法解決的。

琦善知道道光最害怕的，乃是大沽口外的英國兵船，因此他竭力同義律敷衍，勸他回棹到廣東去，局面自可以打開。義律因為季節已入深秋，不利在北方作戰，自己的實力又不夠，便將計就計，在舊曆八月間，真的離開天津，起碇南下。這一來不僅琦善得意極了，就是道光也深為高興，認為此人確是一個懂得「夷務」的人才。於是道光一面踐諾為「英人昭雪」，下旨將林則徐等人「交部議處」；一面就正式任命琦善為林則徐的繼任者，以欽差大臣的身份，「馳驛前往廣東，查辦海口事件。」

琦善在道光二十年十一月初六日（公元一八四零年十一月二十九日）抵達廣東。他認為自己對付英夷成了功，並且獲得皇帝的信任，所以抵任之後，不可一世。哪知這時義律早已在澳門等候着，聽到說北京派到廣東來的欽差大臣，正是自己在天津交涉的對手，大為高興。這一次，琦善仍想表演他的「懷柔遠人」的手段，處處與義律敷衍。義律的態度卻不同往昔了，他露出了自己狡獪的老狐狸真面目，故意不反對琦善的敷衍態度，卻將他的敷衍話句句當作真話來用。

兩人第一次在廣東相見，義律就提出了一份備忘錄，共列十四款，說都是同欽差大臣前在大沽時已經談過的，現在請付之實行。其中的第六款是：「要大碼頭一處，永遠居住，如澳門樣式。」

琦善對於這一類肯定的具體的要求，自然不敢答應，只好飛章上奏（十一月二十一日）。對於這第六款，他向皇帝敍述當時義律的表示道：

又言所佔定海，無難交還，惟必須於廣東、福建、浙江等省沿海地方，另行酌給一處，以便退繳定海。該委員等答以天朝准令外夷前來貿易，原屬大皇帝格外恩施，豈有予以地方之理。該夷隨聲言，如不准另給，只得佔據定海，謂恐將來再有如林總督者，俾得去此適彼。委員等答以但經說定，奏奉大皇帝諭旨，後之來者，孰敢不欽遵辦理，何庸伊等過慮？

琦善在奏章後更向皇帝表示，賠償煙價和增闢通商口岸，似可酌量施行，但是對於「割讓海島」一事，萬不可行。可是英夷最渴望的反而是這一事。

琦善明白了義律主要的要求是在「割地」，只好在答應賠款和增闢通商口岸之後，再替他向皇帝面前「奏懇恩施」。他這時已經明白義律口中所說的「大碼頭」，指的是什麼地方。他在另一道奏章上這麼說道：

奴才先訪得該夷請求地方，其所垂涎者，一係粵省之大嶼山，一係海島，名為香港，均在老萬山以內，距澳門不遠。伏查大嶼山，袤延數百里，地居險要，早經建築礮臺，設有守備；即香港亦寬至七八十里，環處眾山之中，可避風濤。如或給予，必至屯兵聚糧，建臺設礮，久之必覬覦廣東，流弊不可勝言。既據該夷改請添給貿易碼頭，較之給與地方，似為得體，惟不能准其兩處。奴才隨備文照覆該夷，允為代懇天恩，於粵省之外，再准通商一處，仍告以只准與行戶互市，不得上岸與居民交結……

這個奏摺，在十二月十四日（公元一八四一年一月六日）到了北京。本來琦善認為皇帝一定會稱讚他辦理得體的。不料道光這時忽然強硬起來，看了奏章十分生氣，硃批不僅不答應賠償六百萬兩煙價，更不答應增闢通岸碼頭之議。至於割讓島地之舉，自然更談不到。他下諭告訴琦善，已經派兵「馳赴廣東，聽候調度」，要他妥為辦理：「倘該夷馳近口岸，即行相機剿辦。朕志已定，斷無游移。」

皇帝表示不惜開仗，琦善卻沒有這勇氣，而且明白打起來一定沒有把握。於是就一面同義律敷衍，一面向皇帝表示廣東水陸之師都不可恃，他甚至將關天培也說成是：「即水師提臣關天培，亦情面太軟，未足稱為驍將」，表示惟有他的敷衍政策可用。這一來，就無可避免的使他採用了「瞞上不瞞下」的兩面手法，促成了在穿鼻洋面與義律訂立草約，姑且答應將香港島「給與」他的那一幕了。

一八四一年一月二十日（滿清道光二十年十二月二十八日），義律由於琦善在三天以前已經在書面上答應了他六項條款（即所謂《穿鼻草約》），雖然琦善尚未正式簽字和蓋用欽差大臣關防，但他不怕琦善否認，同時又不使他有反悔的機會，就在這天將他與琦善已經成立初步協議的事加以宣佈，又正式照會琦善。

據道光朝《籌辦夷務始末》所載，義律的這個照會的譯文是這樣的：

大英欽奉全權善定事宜公使大臣駐中華領事義律，為照會事，照得接據貴大臣爵閣部堂二十六日來文，均已閱悉。現在事事既已說定，本公使大臣全賴貴大臣爵閣部堂誠信，知必如議，於二十一年正月初旬以內，就行開港貿易。茲備公文通知麥統帥，請即讓還沙角大角等處，所有兵船軍師撤退至九龍所近之香港島地駐箚，並請將日前所獲貴國舟師等船，一俟貴大臣爵閣部堂派弁赴銅鼓洋面接收，即行繳還可也。……

義律送出了這個照會後，就一面實行派兵去佔領香港島，一面要求再次同琦善見面，主要的就是要琦善在草約上蓋用欽差大臣關防。

琦善這時才明白義律這人是不容易對付的，只好稱病不去赴約，想藉此拖延在草約上蓋用欽差大臣關防的日期，同時又上奏摺蒙混道光，說英夷如何「馴順」，不必用武，且粵省地勢兵力都不可恃（因為道光這時已有諭旨要派兵來粵相機剿辦），要求皇上「恩施逾格，姑為急則治標之計」。換句話說，他這個奏摺，乃是為自己答應將香港島「給與」義律預先留地步。哪知義律毫不含糊，在一月二十六日（舊曆正月初四），已經派兵在香港島登陸，實行佔領。

琦善知道了這事，自然慌了起來，知道已經無法再瞞得住道光，就在正月二十三日趕緊向道光報告最近同義律會議經過，並且透露雙方曾酌議章程四條，尚未定議，義律已經遽行依據章程行事，為自己答應將香港島「給與」事卸責。他在奏章上說：

> 奴才隨酌章程四條，發給閱看，未據遵依，亦未存留。奴才以業經奉旨飭令剿辦，並聞該夷有在香港地方張貼偽示，誘令民人往見之事，亟須加意備剿。竊恐虎門一帶，佈置尚有未周，奴才復親往查勘。詎該夷義律閱信，又來舟次求見。奴才以大兵未集，祇得暫先羈縻，免其疑慮，遂

與晤見。當諭以香港原係天朝土地，前次代為具奏，亦祇懇恩給予寄寓一所，並非全島，且未奉諭旨，亦尚未敢裁給。至會該處居民，尤屬天朝百姓，豈准英國主治？該夷何得遽行前往，張貼偽示，徒致搖惑民心。該夷自覺理屈，據請照澳門之例，仍歸州縣管理。惟地方則堅求全島，並欲自行貿易……

琦善的這一番話，分明是全部欺騙道光，因為事實上他在上次奏章中含糊的代為請求施恩給與地方居住之前，早已在口頭和書面上答應了義律的要求，將香港島「給與」了他。現在見到義律竟真的實行去佔領，知道事情弄僵了，只好硬着頭皮說前次曾「恩懇給與寄寓一所，並非全島」，又將責任推到義律身上，說「且未奉諭旨，亦尚未敢裁給」，是義律自己擅自佔領的。

事實上，道光早已接獲廣東方面其他官員的報告，知道了這事經過的真相，因此當時曾在他附呈擬定同義律會談的四條章程上，批以「一片囈語」硃批。這四條章程之中，有關香港的一條是：

一、既經奏請大皇帝恩旨，准令英吉利國之人，仍前來廣通商，並准就新安縣屬之香港地方一處寄居，應即永遠遵照，不得再有滋擾，並不得再赴他省貿易，以歸信實。

琦善沒有料到，有關香港問題的真相，道光早已從廣東巡撫怡良的奏摺中詳細知道了。怡良這次所以敢於參奏琦善，完全是受了當時仍留在廣州的林則徐的敦勸，勸他不必代人受過。據梁廷枬的《夷氛聞記》所載：

先是，正月，義律伯麥合出新偽示，張於新安赤柱，曉其居民，稱爾總督琦善將香港地方讓給英國，存有文據，是居香港者英國子民，事須稟英官治理。復以此語照會大鵬營副將賴恩爵，恩爵以呈怡良。則徐聞而髮

> 指，勸怡良實奏，謂人民土地皆君職，今未奉旨而私與叛逆之夷，豈宜緘默受過。怡良尚徘徊，東莞鄧醇集郡紳於學，具詞以請……

怡良這才不再躊躇，將義律業已佔領香港，在島上赤柱村出偽示安民，要求大鵬協的駐防軍隊撤回九龍，並且表示這一切全是由欽差大臣琦善説定讓給的經過，詳細奏與道光皇帝知道。

廣東巡撫怡良，在他的奏章中，將琦善擅許割讓港島給義律，以及義律强佔香港島經過，這麼告訴道光皇帝道：

> 據署大鵬協副將賴恩爵禀稱，英夷投遞該副將照會文一角，係收受香港地方，令內地撤回營汛等情，照鈔具稟到臣，接閱之下，不勝駭異。竊惟我國家撫有寰區，無遠弗屆，薄海內外，悉子悉臣，即至重譯來庭，亦無不懷柔綏服。乃英夷義律等妄肆鴟張，已忘名份。況復膽思狡

啟，指稱欽差大臣琦善與之說定讓給，實為駭人聽聞。該大臣到粵如何辦理，雖未經知會到臣，然以事理度之，亦萬無讓給土地人民聽其主張，如該夷所稱已有文據之理，既無從悉其真偽，徬徨夙夜，心急如焚。

前聞民間傳說，英夷即在香港地方貼有偽示，逼令該處民人歸順彼國各語，方謂傳聞未確，故惑人心。茲據水師提臣轉據副將賴恩爵禦鈔偽示，移咨前來，則是該夷竟以香港視為己有！要害之地，為其所據，相去虎門甚近，片帆可至，沿海之新安、東莞、香山、順德，以及省城各處，勢非刻刻戒備不可。嗣後內地犯法之徒，必至以此為藏匿之所。是地方既因之不靖，而法律亦有所不行。更恐犬羊之性，反覆靡常，一有要求不遂之事，仍以非理相向，雖欲追悔，其何能及。且大西洋自前明寄居香山縣屬之澳門，相沿已久，所有在澳華夷，均歸同知縣丞管轄，議者猶以為非計，今該逆竟欲將天朝土地人民，據為己有，更恐致滋後患。

伏思宸謨廣運，聖慮週詳，定能燭照靡遺，不使奸宄得以遂志，何待愚昧為之過計。但臣忽聞海疆要地，外夷竟思主掌，並敢以天朝天百，稱為英國子民，臣實不勝憤恨。第一切駕馭機宜，無從悉其顛末……

道光收到了怡良的這道奏摺後，就大罵琦善「辜恩負國，喪盡天良」，在二月初六日（道光二十一年，即公元一八四一年二月二十六日）頒發上諭，將琦善革職鎖拏，查抄家產。道光在這道上諭中說：

琦善到粵以後，甘受逆夷播弄，節經諄切誥戒，迷而不返。自稱專辦夷務，不令阿精阿怡良等與聞。迭次奏報情形，非係開脫逆情，即屬代求恩宥。本日據怡良馳奏，英夷投遞逆詞，並在香港地方出有偽示一節。香港地方緊要，前經琦善奏明，如或給與，必至屯兵聚糧，建臺設礮，久之覬覦廣東，流弊不可勝言。旋又奏請准其廣東通商，給香港地方泊舟寄居，前後自相矛盾，已出情理之外，況此事未奉旨允行，何以該督即令逆夷公然佔據？

現據怡良奏報，英逆盤踞香港，稱係琦善說定讓給，已有文據，並偽發告示，稱該處百姓為英國子民，覽奏殊堪痛恨！朕君臨天下，尺土一民，莫非國家所有，琦善擅與香港，擅准通商，膽敢乞朕恩施格外，是直代夷乞恩。且伊被人恐嚇，奏報粵省情形，妄稱地利無要可扼，軍械無利可恃，兵力不固，民情不堅，摘舉數端，危言要挾，更不知是何肺腑！如此辜恩誤國，實屬喪盡天良。琦善着即革職鎖拏，派副都統英隆，並着怡良揀派同知知州一員，一同解來京，嚴行訊問。所有琦善家產，即行查抄入官。

道光的這道上諭，到達廣東之日，就香港問題來說，情形的變化已不堪問。因為義律霸佔了香港之後，追逼琦善在《穿鼻草約》上簽字，琦善稱病推託，一再避不見面，已經使得義律很生氣，後來更知道琦善已被撤職查辦，道光皇帝主戰，且已檄調湖南雲貴兵勇來粵增防，虎門一帶礮臺備戰的情形也十分明顯。義律為了先發制人計，就在二月二十五日（公元一八四一年，即道光二十一年二月初五日）下午開始進攻虎門。這就正式揭開了鴉片戰爭的序幕。香港島這時已經成了義律準備進攻廣州的基地，木已成舟，他自然樂得不再提起這個問題。因此一年多之後（一八四二年八月間），在《南京條約》上所列入的那一款，事實上已是事後的追認，根本已失去重要性了。

至於當年義律在一八四一年二月二十六日（道光二十一年正月初六日）正式派兵在香港島上岸的地點，是在今日西環石塘咀附近的海傍，由於填海，原來的地形早已改變了。這地方在地圖上稱為「佔領角」，俗稱「垃圾碼頭」，是垃圾車卸垃圾上船的地方。當年由測量船「硫磺」號載了水手和陸軍在這裏登陸，樹起米字旗，並且鳴槍示威。於是由於琦善的荒唐和糊塗，香港島就給義律這麼霸佔去了。

赫德與《展拓香港界址專條》

英國武裝殖民主義者自從在一八四一年侵佔了香港島後，從那時起就向對岸九龍的土地發生了野心。一八七四年間（滿清同治十三年），港英這時雖然先後兩次用不法手段，向滿清取得了包括昂船洲在內的九龍半島一大片土地。但是對於海中四週的島嶼和九龍群山背後的土地，仍存覬覦之念。恰巧這時發生香港註冊漁船到南丫島捕魚，被滿清水師巡船指出南丫和大嶼都在香港範圍以外，禁止香港漁船捕魚事情，這更引起了港英還想攫取更多土地的野心。從這時起，駐港的英國海陸軍人，就提出了他們防衛香港的計劃，認為香港島孤懸海中，如要作有效的防衛，就有擴大佔領四週各島嶼的必要。他們草擬了一個為了防衛上的需要，應該怎樣展拓香港界址的計劃。

不久，滿清在甲午海戰中戰敗，門戶大開，形成了帝國主義侵略者對滿清的土地可以隨意予取予奪的局面。除了日本向滿清所取得的各種權利之外，帝俄租借了大連和旅順，德國租借了膠州灣，法國也租借了廣州灣。本來，英國這時已經租借了威海衛，見到法國獲得了滿清南方的廣州灣，認為是可以向滿清提出展拓香港界址的最好機會。因此在一八九七年十月間（滿清光緒二十三年秋天），就由當時英國駐香港的陸軍總司令布勒克，偕同駐九龍的中國海關稅務司英國人某氏，一同前往北京，會晤英國駐北京的公使麥唐納（這人在滿清官書上的中國姓名是竇納樂，後來在《展拓香港界址專條》上也是用這個名字簽署），將根據駐港英國海陸軍人所擬的為了防衛香港所需要的展拓界址計劃，交給麥唐納，叫他趁機向滿清當局提出。

麥唐納接得了這個計劃，就立即同當時滿清海關的總稅務司赫德，祕密討論實際進行的步驟。

這個支取中國薪俸、身穿滿清官服、卻替英國人幹奸細和搜刮財物工作的英帝國主義分子赫德，事實上是促成這項租借條約的主力分子。他握着當時滿清的關稅大權，操縱財政收支。西太后要向外國借款，王公大臣要搜刮賄款，都要走赫德的門路，因此赫德的意見，對於當局滿清大臣，是比麥唐納的話更有壓力的。經過幾次公交上的往還，赫德始終向總理各國事務衙門各大臣威迫利誘，這一項《展拓香港界址專條》，終於在第二年六月間，使得滿清當局被迫接納，成為事實了。

「新界」勘界史話

沙頭角、文錦渡和羅湖的抗暴輝煌戰果，使我們對所謂「新界」邊境這一帶的地方，給予了特別的注意。

這一條界限，當滿清在一八九八年被迫同港英簽訂所謂《展拓香港界址專條》時，在所附的地圖上，根本就不會有明確的規定，在北界只是劃了一條直線，聲明「待日後雙方派員勘定」。

這一條界限，港英從一開始，就有意「混帳」。在雙方未曾正式勘定以前，它利用了條約上所說的「潮漲能到處」一語，派船自馬士灣、后海灣一帶，沿了北岸通入海中各河流港灣的入口處，一直駛至內河沿岸各村莊，甚至派船到大鵬灣去巡邏，認為依據「潮漲能到處」一語的解釋，他們是可以這麼做的。後來經過雙方會同「勘界」，將「潮漲能到之處」改正為「水盡見岸之處」，又在北岸各河流港灣的入口處，釘立木樁為界，這才無法再「混帳」了。

雙方的正式「勘界」，是在專條簽訂的第二年，即一八九九年的三月間。雙方派員實地勘定界限，沿界各要點都樹立木樁。繕成了一份「香港英新租界合同」，作為《展拓香港界址專條》的另一附件。

這一份勘界合同，滿清方面的簽字代表，是廣東派來的道員王存善，港英方面是「駱輔政司」。另有兩個見證人，一個是蔡毓山，另一個是祺威。

這一份勘界合同，中文原文如下：

北界始於馬士灣，英國東經一百一十四度零三十分，潮漲能到處，由陸地沿岸直至所立木樁接近沙頭角，土名桐蕪墟之西，再入內地不遠，至一窄道，左界潮水平線，右界田地，東立一木樁，此道全歸英界，任由兩國人民往來。

由此道是桐蕪墟斜角處，又立一木樁，直至目下乾涸之寬河，以河底之中線為界線，河左岸上地方歸中國，河右岸上地方歸英界。

沿河底之線直至逕口村大道，又立一木樁於該河與大道接壤處，此道全歸英界，但任兩國人民往來。此道上至一崎嶇山徑，橫跨該河，復重跨該河折返該河水面。不拘歸英歸華，兩國人民均可享用此道。

經過山峽約較海平線高五百英尺處，為沙頭角與深圳村分界之線，此處復立一木樁。此道由山峽起，則為英界之界線，歸香港管轄，仍准兩國人民往來。此道下至山峽右邊，道左有一水路，達至逕肚村，在山峽之麓，此道跨一水線，較前略大，水由梧桐山流出，約距百碼，復跨該水路，右經逕肚村，抵深圳河，約距逕肚村一英里之四分一，及至此處，此道歸入英界，仍准兩國人民往來。

由梧桐山流出水路之水，兩國農人均可享用。復立木樁於此道盡處，作為界線，河地均歸英界。其東西南三面界線，均如專約所載。大嶼山全歸界內，馬士深圳兩灣之內，亦歸租界之內。

以上合同所載經過勘定的界線，主要的是「新界」的北界，即今日經馬士灣至后海灣，包括深圳河和沙頭角、文錦渡、羅湖等地的水陸犬牙交錯的一條界線。這就是北面的界限。至於東西南三面，東面止於東經一百十四度三十分的水域，西面止於一百十三度五十二分水域，南面則限於北緯二十二度九分以北。由於大嶼山西端的一角已突出於東經一百十三度五十二分之外，因此在專條上要特別附加一句說明：「包括大嶼山在內。」

當年港英和滿清雙方勘界時，對於水面的界限，由於港英曲解「潮漲能到處」一語，雙方解釋不同，會一再發生爭執。一九零一年（光緒二十七年），英國駐廣州領事，曾根據港英的意見，再致照會於當時兩廣總督陶模，對這事有所說明。原照會云：

……關於新租界水面英國之權可至何處一事，現准香港總督來文內開，本港政府並不以為英權可至流入海灣之河港與流入租界深圳河之河港。但可至各海灣水盡見岸之處，與深圳全河至北岸之處。至於流入各海灣及流入租界深圳河之各河港，本港政府甚願於各該河港口，由此岸水盡見岸之處，至對岸水盡見岸之處，劃一界線為英權所至之止境等因。本總領事查香港總督文內，有深圳全河至北岸一語，自是指租界內之深圳河至陸界相接之處為止，相應照會貴部堂查照，量貴部堂亦以為妥協也。

兩廣總督陶模，收到駐廣州英國總領事轉來港英方面有關北界水域界限的補充說明後，當時曾將這事報告給滿清管理外交的總理各國事務衙門知道。陶模的這道咨文，對於勘界經過，及「潮漲能到處」所引起的爭執，曾有所說明，並對英領事的照會，也表示了若干異議。

陶模給總理衙門的咨文說：

案照英國展拓香港界地，前於光緒二十四年五月間，承准貴衙門將租章地圖咨送到粵，經前部堂譚派廣東補用道王存善，會同香港輔政司駱檄會議勘定在案。惟水界未經詳晰聲明，英員屢謂潮漲能到之處，皆應歸英管轄。以致內港地方，亦時見英差足跡，業經閣爵李前部堂及本部堂照會辯論。前於光緒二十七年四月十四日，接廣州口岸英國總領事官照稱（按廣州英領事照會原文，上文已經引用，此處從略）……查新租界水面，英國所租者，係馬士深圳兩灣及深圳河，其與各該海灣及深圳河毗連之內港，自仍歸中國管轄。

香港總督謂英權不能主流入海灣之河港與流入租界內深圳河之河港，尚屬公允。惟謂各海灣潮漲能到之處與深圳全河至北岸潮漲能到之處全為英權所可至，語頗寬泛，易滋誤會。嗣後新租界各海灣與華岸毗連者，應以沿灣水盡見岸之處為界。其劃歸租界內之深圳河，則仍照王道所訂合約，以北岸為界。所有與馬士深圳兩灣及租界內之深圳河毗連各河港，俱以口門左右兩岸相對直線為界。以此詳細聲明，則彼此官差人等，自可了然，亦免將來別生枝節……

經過這次雙方照會之後，關於勘界合同上所說的「潮漲能到之處」，就很少再有曲解的可能。同時，港英的詭計已被戳穿，已無法再利用這句話來矇混，因此後來在滿清時代，在邊界問題上就不再有這樣的爭執。

至於後來雖然又有過幾次「勘界」之舉，那不過是例行公事，雙方派員會同視察所立界石是否有損失挪動，水中的木樁是否有朽爛，並非由於又發生什麼新的爭執了。

又，當初在訂立《展拓香港界址專條》時，總理衙門曾有一個奏摺，對於被迫租了地方給人，卻仍保留九龍城內的「治權」，頗沾沾自喜。在奏摺上有句云：「臣等以展租界址與另佔口岸不同，允儀暫租專條，尚可操縱自我，仍留九龍城及原舊碼頭，以便文武官員駐紮，兵商有船往來停泊，及他日自造鐵路根據。」

又說英人表示訂立這條之後，就可以幫助滿清提高通商口岸的稅收，頗有失之東隅，收之桑榆之感。當時群臣昏庸誤國，實在可歎，但這也是由於滿清根本缺乏自衛和抵抗侵略的能力所致。時至今日，形勢已經有了天翻地覆的變化，港英居然一再蓄圖向新中國挑釁，想重溫舊夢，可說不自量力，翻錯皇曆了。

港英攫取新界島嶼的由來

一八七四年八月底（滿清同治十三年），在香港的所謂立法局立法委員常務會議上，有一個無官守的議員羅威特，在會議席上提出了一項質問，說在半個月以前，有一批香港漁民，到南丫島去捕魚，受到駐守該島一帶的滿清水師干涉，說他們越界捕魚，要沒收他們的船隻，漁民不服，衝突起來，有三名香港漁民受傷，現在香港國家醫院醫治。羅威特提出質問，南丫島和大嶼山一帶水域，是否歸香港管轄，對於上述所發生的這類事件，是否已經採取任何預防步驟云云。

當時曾由輔政司答覆，謂關於這事，已經受到總督堅尼地的指示，說已經徵詢過律政司的意見，謂南丫島和大嶼山不在香港管轄範圍之內，所以無從向對方交涉。

這是這年八月十五日的事情。依據滿清沿海水師防護章程，出海捕魚的漁船，一定要領有廣東水巡的船照，否則就以私自出海，作海盜論。這一天，有一艘在香港註冊的漁船，到南丫島去捕魚。其時香港的管轄範圍，只限於香港本島，以及對岸九龍半島尖端和昂船洲。至於南丫島和大嶼山一帶，仍是滿清的疆界，因此香港的漁船到南丫島捕魚，被滿清水師截攔，查閱船照。這艘香港漁船拿不出在廣東水巡註冊的船照，所以水師指他們越界捕魚，要他們補領船照，否則就要沒收漁船。漁民不服，發生衝突，被滿清水師開槍擊傷三個人。漁民逃回香港報告，這才發生了上述的那個非官守議員羅威特在立法局所提出的質問。

由於滿清水師的查閱船照舉動，是完全有理的。雖然漁民被擊傷，輔政司也認為無可交涉。但是懷有侵略野心的當時英國殖民者，哪裏肯就此甘心，因此就喚起了更向滿清攫取領土的野心。就在這事發生不久之後，駐防香港的海陸軍人，已經在密議由於防衛香港的需要，有再行展拓界址的必要，秘密擬定了計劃，送交倫敦參考，以便一旦有機可趁時，就實行向滿清提出。這個秘密計劃，就是後來成為事實的所謂《展拓香港界址專條》的最初底稿。

九龍被侵佔史話

英帝國主義侵略者，在第一次鴉片戰爭中，攫取了香港島後，發現這地方熱症流行，使得駐軍和商民的死亡率極高，可供建築用的平地又太少；又因為太鄰近九龍，那裏的山上還築有林則徐手裏留下來的礮臺，使得他們寢食不安，極想另找一個較大的島嶼。這時就有人提議再去佔領舟山群島，又有人看中了大嶼山。可是由於前者遠在浙江海面，距離他們的貿易中心廣州太遠，後者則地點雖然與香港相似，可是沒有安全的可供船隻停泊的深水港灣。於是在取捨之間，自然覬覦到香港對岸的九龍。

本來，在鴉片戰爭初期，英國的鴉片船不敢再駛往黃埔，都一起停泊在尖沙咀洋面，為了水兵一再上岸向尖沙咀村民騷擾，強行購物，打死了村民林維善，曾經受到村民和滿清官兵的懲罰。從此他們對於這一帶的地理形勢已經有相當認識，認為地勢平坦，可供大量駐軍紮營，又可以作香港的屏障。

因此繼續向滿清侵略的野心暴露以後，他們就實行向這個目標下手。自從一八五六年藉口「亞羅」號事件揭開了第二次鴉片戰爭的序幕後，英國侵略軍首先就不顧一切的派兵在九龍登陸，實行將尖沙咀一帶的土地佔領，以便將來伺機向滿清正式提出領土要求。

首先公然表示這個野心的，自然是軍人。遠在這次事件之前，在一八四七年，英國派來的海軍艦隊司令西摩，就已經提出了這樣的文書：

> 我認為佔領九龍半島乃是必要的。一以防止它落入另一外國政府之手，二則它對日益長成的香港社會可供安全的保證和必須的供應。還有一個必須佔領九龍半島的理由是：在颶風季節，它是我們船隻安全所必不可

少的唯一避風港。這個極其重要的佔領，我們一刻也不可忽略。

因此在第二次鴉片戰爭爆發後，他們就實行了西摩的這個提議，派兵在九龍尖沙咀登陸，並且向當時英軍統帥額爾金提起這個問題，將西摩的文書抄給他看，叫他留意這事。陸軍司令斯特拉班茲在寫給額爾金的信上，曾這麼說：

如果它在我們手裏，對於英國船隻只是有利的。反之，如果另一歐洲國家佔有了它，則不僅危害我們的船隻，還會危害香港市鎮本身。

他又提醒額爾金，佔領這個地方，可以作為香港駐軍的療養地。又由於地面荒涼，滿清一向不注意，可是對於香港卻大有用處。《海國圖志》的作者魏源，是我國在鴉片戰爭時代少見的一個眼光獨到的時論家。他對於當時英國殖民主義者的侵略野心，早已看得十分明白。他說：「四海之內，其帆檣無所不到，凡有土有人之處，無不睥睨相度，思朘削其精華。」因此英帝國主義者在攫取了香港島之後，接着就起了覬覦九龍半島的野心。額爾金收到了侵略廣州的英軍司令那個文件後，自然就把「九龍」放在他的侵略計劃之中。他在一八五八年（滿清咸豐五年）年底從上海寄給本國外交大臣的報告中，就這麼提起：

……舉例說，九龍半島問題，是一個領土問題。在那裏必然不便考慮，但如可能的話，或樂於在離開中國之前加以解決。

這樣，到了第二年，即滿清咸豐六年，英國武裝侵略滿清的行為更得手了，它的殖民部副大臣竟公然發出這樣的指示：

我奉紐卡絲爾公爵之命，為了提供羅素勳爵參考，特此通知你，根據來自香港代理總督的消息，住在那個九龍半島上的華人之不法，以及因那裏的情況而引起的和平治理香港之困難，公爵曾認為有必要通知陸軍大臣，請其命令駐華皇家軍隊司令，一有機會，即盡早佔領那個半島。現在公爵願把他的意見提請羅素勳爵考慮。將來任何時候調整帝國對華關係，總要把這個地方保留下來。

你看，當年的侵略者就是這麼荒唐大膽，居然把佔領別一國土地的事，公然在自己的函件上加以討論，而且還要說是由於那個地方的中國人「不法」，引起香港「治理」的困難，所以要加以佔領。

更可笑的是，實際佔領還未開始，侵略者的海陸軍人就各自打自己的算盤，開始想用什麼藉口來霸佔九龍了。當時英國侵華海軍司令賀布，首先就這麼表示：

至於將來佔領九龍，無疑是必要的：不過依我看來，主要原因在於保衛香港的防衛建設。當然，如果九龍被另一西方國家佔領，那對於我們是很不方便的。九龍會成為一個海軍醫院的適宜地址，那在香港還是沒有的。並且由於它的水深地寬，它還可以成為我們的船舶修理廠的最好地址。

賀布的意見，見英國駐華使館的當年舊檔案。可是，陸軍不甘後人，他們也趕着以陸軍立場提出了應該佔領九龍半島的「理由」。

據一八七五年出版的科洺萊斯所編輯的《格朗將軍第二次鴉片戰爭回憶錄》，他是當時來侵略滿清的英軍總司令，一來到香港，就發表應該佔領九龍的主張，他主張佔領九龍的理由共有多項。

他認為為了防衛香港的維多利亞城和港海，絕對有佔領九龍的必要。其次是九龍地勢平坦，環境健康，不似香港有熱症流行，適宜陸軍紮營之用，因此應該先行佔領，待將來戰事勝利結束之後，可以正式提出要求。最後，由於九龍是個瀕海的好地方，英國若不佔用，法國難免要向滿清要求這地方，所以應該先下手為是。

你看，外交大臣、陸軍司令、海軍司令，都一起看中了這地方。理由雖然各不相同，但是所持的態度卻是一致的，都在待機而動，一有機會就下手。

這時，格朗想將他的軍隊進駐到九龍，已經迫不及待了，但他又不願蒙受武力侵佔之惡名，便想出了一個詭計，通過當時英國駐廣州的領事巴夏禮，向當時兩廣總督勞崇光，提出一個要求，租用九龍半島若干地方。

他要求租用的理由，就是那些老藉口，九龍地方距離香港太近，其地不法之徒太多，影響香港治安。滿清官員不理會，香港又無權理會，因此要求租用這些地方，以便加以整頓，對於雙方都便利云云。這真是存心侵略，何患無辭。

巴夏禮送給兩廣總督勞崇光的公函，還是經過格朗將軍審閱批准的。內容大要如下，送交的日期是一八六零年三月二十日（滿清咸豐十年二月）。

……本人榮幸地向兩廣總督閣下提出下列問題，即九龍半島的混亂狀態及因此而使英國利益蒙受的損害，並向閣下建議租用這塊地方，直到採用了消滅這種狀態的永久辦法為止。

這個半島距離香港最近之處，離香港市中心僅有四哩。當年割讓香港時，以為住在這個狹小而荒涼的地帶的少數漁民和石匠，會由九龍當局容易控制着，因而未對他們作明文規定。但自那時起，不法之徒和其他壞份子，看到半島脫離滿清政府的監視，正如它被山脈所隔開一樣。……他們就利用這些情況，使九龍成為附近一切地方的強盜和逃離法網者聚居之處。香港街上的小偷和強盜，只要越過海灣，到了尖沙咀，則不僅自己的人身安全了，連偷盜來的財物也能任意處置了。

巴夏禮接着就向勞崇光提出了他認為最好的解決這個問題的辦法：

要改變這種情況，只有在下述兩種辦法中擇一實行，或由中國當局派遣官員和軍隊到那裏去驅逐壞人，並必須在那裏經常留駐一支有力部隊。如果這種辦法不便實行，則中國當局應當劃出一條界線，把界線以內的地方割讓給英國政府，正如割讓香港一樣。

然而總督閣下在請示皇帝以前，不能割讓這個半島，他只能以出租的方式，把它移交給英國政府。本人深知這種辦法之不完備，但在將來永久解決之前，並且由於立即採取步驟去控制，驅逐那些不法之徒，仍願代表英國政府接受這種移交。

巴夏禮提出了他自己認為應該如此的解決辦法後，對於九龍半島是志在必得的，在他的文書最末一節上，幾乎以命令的口吻「吩咐」勞崇光道：

以上是本人與總督之間達成的諒解，閣下所應做的，只是在正式回信中表示同意這些安排，並提出應納租金的數目。

你看，這是什麼話！當年英國武裝殖民者對滿清的侵略，就猖狂到了這種地步！

巴夏禮所以敢於這麼壓迫勞崇光，是由於這時太平天國已經起義，滿清內顧太平軍，勞崇光更忙於防堵已經攻入廣東境內的太平軍，對於英國更不敢樹敵，因此巴夏禮看準了這弱點，要他不必驚動皇帝，只須說出一個租金數目，將這地方租給香港就了事。果然，勞崇光的心事被巴夏禮摸中了，他接到了巴夏禮的公函，同時知道九龍半島尖端早已被英軍登陸佔領，認為這個辦法乃是最省事的辦法，當下就一口答應。

巴夏禮獲得了勞崇光的口頭允諾，隨即推出了他的第二個陰謀計劃，那就是早已擬定了的一份租約，並且自行訂下了租金數目，送給勞崇光去簽字。這份租約，不見中文譯本，祇存英文原件，以下是英文原件的譯文：

勞崇光與巴夏禮協定……九龍半島的所在劃線，自九龍礮臺南端附近一點起，到石匠島（按即今日的昂船洲）的北端為止，這以南的全部地方，以及石匠島，出租給巴夏禮，作為初步措施。為此每年時與中國地方當局租銀五百兩。並且協定，只要英國政府準時交付租錢，中國政府便不得要求歸還上述土地……

這協定所填寫的日期，就是送交公函的當日，可見巴夏禮早已事實上將一切都準備好了。

九龍寨城的主權問題

九龍城寨或九龍寨城，就是我們所說的九龍城。所謂「主權」問題是根本沒有任何問題存在的，因為整個九龍都是中國自己的土地。

所謂問題，事實是指歷來發生的糾紛，都是港英蓄意製造出來的。首先是，在英國和滿清訂立了所謂《展拓香港界址專條》（一八九八年）不久，就玩弄條文上的詞句，用武力強行將當時駐紮在九龍城內的滿清官員壓迫出境。他們所採用的藉口，乃是根據條文上雖然明白規定九龍城為租借地之後，九龍城城內的治權仍由滿清保留，滿清官員仍像過去一樣，仍舊駐紮城內，繼續行使治權。

這本來是說得再也明白沒有的事了。可是當時狡獪的英國殖民主義者，故意在條文上玩弄外交辭令，蓄意要蒙混昏庸老大的滿清。在九龍城仍由滿清保留治權的詞句之下，緊接跟了一句「惟不得與香港的防備有所妨礙」。他們表示香港界址所以要「展拓」，並非有什麼「土地」野心，不過是為了香港防衛上的需要。因此九龍城的治權，可以仍由滿清保留，但是當港英認為對於香港的防備有所妨礙時，便要將它取消了。這就是當時要附加那一句的蓄意。

什麼是「惟不得與香港的防備有所妨礙」呢？條文上沒有具體的規定。也許當時九龍城的滿清官民，放爆竹迎神，嚇了城外的「啤酒兵」一跳，就認為這是與「香港的防備」有妨礙了。總之是，在訂立了這「展拓界址」的專條不久，港英就突然藉口駐紮在九龍城內的滿清官員的行動，已經與他們防衛香港的措施有所妨礙，用武力強行將滿清官員壓迫出境。

這種片面的行為，雖然遭受當時滿清的抗議，但是港英並不理會，從此「九龍寨城」的主權問題，在港英的眼中，就有了新的「解釋」了。

所謂《展拓香港界址專條》，是在公元一八九八年六月九日（清光緒二十四年四月二十一日）起簽訂的，規定在這年的七月一日（舊曆五月十三日）起有效執行。可是事實上，港英直到第二年的四月十六日，才有力量開始去正式進行接收。而且原定是在十七日舉行「昇旗」禮，臨時因為發覺大埔一帶的「民情」不穩，被迫提前一天舉行的。

據當時港英在事後發表的公報記載，在四月十六這天，大埔有二千六百多鄉民，群起反對港英接收，雙方發生衝突，港英出動了軍隊武裝鎮壓，並且越界佔領了深圳墟，從這年五月十六日起，一直佔領到十一月十三日，經過滿清一再抗議，英兵才從深圳墟撤退。

事實上，是港英從一開始就由他們自己破壞了所謂《展拓香港界址專條》。但是惡人先告狀，卻反過來說這次大埔錦田的鄉民反對接收的抗英行動，是受到新安縣官員的指使和支持，因此就指責這些事情對於香港的防衛有所妨礙，說新安縣的官員破壞了《展拓香港界址專條》。一面派兵佔領深圳墟，一面就將九龍城內原有的滿清官員趕走了。

就這樣，港英就通過倫敦片面的宣佈，由於九龍城內的滿清官員的行動已經對於香港的防衛武備有所妨礙，破壞了「專條」的規定，所以他們繼續在九龍城內行使治權的權利，已經不再存在了。

現在誰都看得出來，當時英方在這一項「專條」上關於保留九龍城治權所附加的一句說明，分明是一個「陷阱」，可惜當時那些昏庸媚外的滿清朝臣，如李鴻章等人，根本不曾察覺，或是察覺了也不想指破，以免夷人老羞成怒，橫生枝節。這就使得港英自以為得計，在第二年就用這句話為藉口，片面的宣佈「取消」了專條上有關九龍城治權的規定。

但是，在國際上有名的這頭狡獪老狐狸，它至少知道條約是由雙方訂立的，權利義務都是由雙方共同遵守享用的。不能由片面廢除，也不能片面廢除一部分，又享用一部分。因此自一八九九年以來，港英只能說九龍城內原有的滿清官員「棄守」，陷於無政府狀態，不敢公然說這地方已經是「新界」的一部分。

同時，自滿清以至北洋軍閥和國民黨時代，也曾不斷的為了這個問題，向倫敦提出抗議和交涉。

當港英強迫滿清簽訂所謂《展拓香港界址專條》時，當時九龍城內，有居民六十四戶，共有四百六十多人，據説多數是以泥水、小販和務農為業的。「專條」上明白規定，城內的這些居民，仍由滿清官員管理，並且「議定仍留附近九龍城原舊碼頭一座，以便中國兵商各船渡艇，任便來往停泊，且便城內官民任便行走」。

這座碼頭，稱為龍津碼頭，有一條大路，由九龍城直通海濱，稱為龍津大道。這些區域，已被劃入今日的啟德機場範圍之內了，但是仍有不少舊日的照片可以查考。

倫敦雖在訂立這「專條」的第二年，正式舉行接收儀式時，就用藉口片面的宣佈廢除了專條中所規定的，在九龍城之內「所有現在九龍城內駐劄中國官員，仍可在城內各司其事」的規定，但是滿清政府始終未承認這種片面的宣佈。

自從一八九九年以後，較遠的不必説了。較近的記載，如第一次世界大戰後，北洋當局也曾在和會上提出「恢復九龍城設治」的要求，可惜未曾堅持下去，以致沒有結果。這時港英早已着手試探性的蠶食九龍城的計劃，在一九三三年六月間，新界南約理民府竟公然干涉城內居民居住的權利，通知城內居民要限期遷往城外狗虱嶺。居民大為激忿，認為九龍寨城土地主權，都不在「租借」範圍之內，港英根本無權處理，就通電當時廣東省府進行交涉。那時國民黨的兩廣外交特派員是甘介侯，他鑒於九龍城的民情激忿，不得不親自到香港來交涉。港英原以為可以糊裏糊塗混過關的，這時見到事情鬧穿了，自知理屈，就撤銷原議了事。

到了第二次世界大戰後，一九四七年九月間，當時寶安縣擬在九龍城恢復設治，用公函通知港英。港英竟搬出了當年倫敦的片面宣佈為理由，說自「一八九九年那年起，中國官員在九龍城內行使治權，被認為與保衛香港之軍事需要有所牴觸，因而中止。自該日起，距今幾將五十年，英國當局在九龍城內，業已行使獨有治權，一如在其他新界地區」云云。

自然，當時寶安縣縣長不承認港英的這種解釋，謂中國方面一向從未承認港英有這「權利」。同時，在事實上，五十年來，港英也從未敢隨便跨過九龍城的那個界限。他們去緝捕藏匿城內的煙犯兇犯，也是運用一種特殊手法，將他們引出城外才下手的。

一九四七年和一九四八年，港英曾公然侵入九龍城，拆毀城內大批民居，又撕下當時城內居民所懸掛的國民黨廢旗，侵犯了我國主權。港英對於城內居民的抗議，更出動軍警，血腥鎮壓，以致激起了一場極大的風波。結果廣州沙面的英領館被搗毀，英旗被焚。港英懾於我國民情激昂，輿論沸騰，才逐漸縮手，不敢再硬幹下去。

自然，這時又提出了要在九龍城恢復設治的建議，可是由於不曾有決心要這麼做，鬧了一陣又擱置起來。

當時國民黨曾派有外交特派員駐港。從他們所公佈的有關九龍城治權的交涉史料中，知道在一九三六年冬天，即在民國二十五年，港英也曾大規模拆毀過城內民居一次，居民奮起抵抗，力爭城內土地主權屬於中國，並非租借地，不許擅拆，又推派代表回國請願，終於迫使港英承認九龍城內居民的特殊權益才了事。

九龍寨城的城牆，雖然低矮，卻一向相當完整的，因此城內城外的界限，十分清楚。後來在太平洋戰爭期間，日本軍佔領了香港九龍，曾經將九龍城的磚石拆去修築工事，以致城牆大部分被拆毀，僅留下城基。這對一向對九龍城懷有野心的港英來說，可說倒是一個好機會。因此港英重來以後，逐年就藉口擴展道路和整理土地，總想逐步消滅九龍城的痕迹，以及城外的路面現在已高出城內許多。今（一九六七）年五月間所發生的一次強拆九龍城居民房屋，就是利用這種畸形的道路地位作藉口的。

最近，據七月二十八日北京廣播的新華社消息，指責港英當局在七月二十四日，派出大批武裝警察，野蠻侵入一向由中國行使管轄權的九龍寨城，大肆進行搜查，並無理逮捕了一名城寨居民。九龍寨城居民反對港英迫害鬥爭委員會已提出了嚴重抗議。

新華社又提起過去的情形，謂在一九六三年一月間，我國外交部負責人員為香港英國當局企圖強迫拆遷九龍寨城事，曾多次鄭重聲明，九龍寨城是我國領土香港九龍的一部分，它一向由中國行使管轄權。因此港英這次侵入了九龍寨城去逮捕城內居民，不僅侵犯了中國人民的居住權益，也侵犯了中國的主權。

九龍城的主權問題，是一個根本不存在的問題。至於何時恢復在城內設治，以及恢復自城內通至今日在啟德機場海濱的那條龍津大道，那就主權在我，而不在港英了。

港英如芒在背的問題

自從新中國成立後，英帝國主義就看出他在中國歷年所投的侵略賭注已經完蛋，同時香港前途也早已被注定，因為新中國隨時都有理由，而且也有力量宣佈收回。當時英國忽然率先表示「承認」新中國，就是這隻國際上有名的老狐狸所耍的手段，希望藉此來苟延殘喘。

歷年以來，它一再強調香港怎樣「繁榮」，怎樣「安定」，甚至對新中國的「好處」怎樣大怎樣多，無非是自己早已自知「朝不保暮」的流露而已。要不然，近年又何必要這麼想盡方法來賣地、增稅、設立種種苛例來刮龍，多刮一筆是一筆呢？

然而，由於眼前這一連串的對香港工人和愛國同胞的血腥暴行，天怒人怨，港英已經明白自己的末日已至，要想保持過去的那種「朝不保暮」的日子也機會很少了。

它們十分明白，新中國無須動用武力，只要用一紙通知，或是一個電話，說要提前收回九龍新界租借地，香港就立時要變成「皮之不存，毛將焉附」了。到那時候，什麼南約北約理民府，什麼鄉議局鄉議會，什麼白皮番狗黃皮番狗，就一起要平地一聲雷，立時一起成為喪家之犬了。

而新中國確實是有充足的理由，充足的實力，隨時都可以這麼做的。這種情形，港英的肚裏比我們知道得更清楚。

更有，那一座九龍城的問題，也使港英一想起了就如芒在背，寢食難安。因為根據當年同滿清所訂的租借九龍新界的所謂《中英展拓香港界址專條》，其中也明白規定九龍城的治權是由滿清所保留。而且還附帶保留自城內通至出海碼頭的一條通路。這許多年來，九龍城內不再有中國官員在那裏設治，也不曾使用那條通路，這是中國方面不曾使用這種被保留的權利，並非這種權利已經不存在了。這種情形，港英是比任何人都知道得更清楚，也無法狡辯抵賴的。它們就一直在耽心，假如有一天，中國方面會通知它，說將派官員回到九龍城來設治，而且將使用目前已經成為啓德飛機場的舊通路。那時它們就簡直不知如何應付了。

這雖是筆者個人所想到的問題，已經足夠使得港英如芒在背，寢食難安。

因此，「我自巍然不動」，不論是文鬥、武鬥、長鬥、齊鬥，都是港英必敗，我們必勝的。

錦田吉慶圍抗英史蹟

錦田原本是新安縣境內古老的村莊之一，從江西遷居來的鄧姓族人，在宋朝就已經在這裏斬荊披棘，建立村莊，從事耕種。最初：由於這村落是在群山腳下的，取名為「岑田」村，因為「岑」字含有山下的田地之義。後來，經過多年的開闢耕種，阡陌縱橫，看來簡直一片錦繡，已經不再是山下新開闢出來的瘠田了，大家一致倡議改名，改稱「錦田」，這就是今日錦田村的由來。

留下了光榮的武裝抗英史蹟的吉慶圍，就在這古老的錦田村內。錦田村原本分為南北兩圍，吉慶圍和另一座泰康圍都是屬於南圍。吉慶圍初建於十五世紀的明成紀年間，最初是沒有圍牆的。今日所見的那一圈圍繞圍內房屋的高大圍牆，是滿清康熙初年所建。當年這一帶經常受到從海上和陸上來的盜匪劫掠，吉慶圍的鄧姓族人就集資建築了這一堵高大的圍牆來自保。

圍牆的主要出入門口，都裝上了高大的鐵門，鐵門設計得堅固而且美觀，是用鐵環互相勾結構成的，不僅足以防禦盜賊，而且後來還發揮了保鄉保土的特殊功效，抵抗英國殖民者武裝侵略的進攻，留下了至今還存在的錦田鄉人光榮抗暴的史蹟。

這是一八九九年春天的事情，當時港英根據上一年（一八九八年）同滿清所訂立的所謂《展拓香港界址專條》。宣佈自深圳河以南至今日九龍界限街的廣大土地為「新界」，並且實行派兵來佔領時，世代在這裏安居樂業的錦田鄉民，眼看自己的廬舍產業就要被英國人所侵佔，而且伴隨英兵來接收的那些殖民地爪牙，又那麼窮兇極惡，他們就承繼了當年廣州三元里義民的光榮傳統，實行武裝自衛，抵抗港英的掠奪接收工作。

這時，吉慶圍的高大圍牆和那道堅固的鐵門，就發揮了抵抗外來侵略的功效。

使得英軍無法攻入，一時束手無策。後來，港英要求兩廣總督派兵來協助接收向錦田鄉民勸解，做好做歹，這才使得吉慶圍的鄉民停止對抗，開了鐵門。

港英控制了當地的局勢後，對於吉慶圍的鄉人和這一對鐵門恨得要死。他們誘捕了許多鄉民之後，就將吉慶圍的這一對鐵門拆毀，並且當作「戰利品」運回英。

當時吉慶圍的這一對鐵門，是由一個愛爾蘭的軍官刼走的。他將這一對鐵門當作「戰利品」運回英國，當然應該是「公物」。可是據後來發現的證明，這件贓物是在愛爾蘭鄉下一間別墅裏找到的，可見掠奪者若不是化公為私，就是假公濟私了。

吉慶圍的居民失去了這一對祖傳的精美鐵門後，一直梗梗於心，屢次向英國統治者索回原物，始終不得要領。這樣，直到一九二四年，吉慶圍居民又向港英舊事重提，要求送回當年被刼走的鐵門。這時在香港任總督的是史塔士，他忽然靈機一動，認為吉慶圍的鄉人堅持要索回這一對鐵門，正可以利用來作為粉飾太平的一個好機會，因此暗中向倫敦請示之後，一面調查這一對鐵門的下落，一面唆使錦田幾個姓鄧的「鄉紳」，正式出面遞了一個「呈文」，要求「發還」這一對鐵門。

經過這一番佈置，史塔士就藉題發揮，大做文章。當這一對鐵門失去二十五年之後，終於在英國愛爾蘭鄉下尋獲，運回香港時，經過史塔士的塗脂抹粉工作，吉慶圍鐵門的被刼走和終於不得不交回就變成是一種「德政」了。

以下是英國人愛倫·索爾倍克關於這事的記載，我們可以看出他們怎樣故意在許多地方將這件事情歪曲了：

錦田是新界最古的鄉村，建立於一千多年以前。直到現在為止，他們的許多小屋都用堅固的高牆圍繞保護着，居民僅憑了兩道小門和外界溝通。許多年以來，這鐵門成了興趣的中心。

居民都是鄧族的，是所謂「本地」人的後裔。他們在英國人不會來到這裏之前，都是當地的地主。因了鐵門的年代悠久和製作精巧，他們的族人認為是自己的驕傲。

在一八九九年四月，這地段由滿清政府租借給英國，用來擴張他們的香港九龍殖民地。當英國人進到這地帶時，他們遭遇到當地居民的武力抵抗。當軍隊包圍錦田這古老的村莊時，他們發現這用高牆圍繞着的部分。鐵門已經關閉起來，實行阻擋他們。當他們攻入這村莊以後，便將這兩扇美麗的鐵門拿走，作為一種懲誡。

新界恢復和平已經二十五年，錦田的居民已經變成馴良效忠的市民，著名的鄧族的現存領袖隨時都準備協助官吏執行有時很複雜的職務。於是在一九二四年，由錦田的鄉長們遞了一個呈文給香港總督，請求發還他們的鐵門，作為獎勵承認他們這種可資榜樣的行為的表示。英國政府立刻就以最誠懇的態度來進行這件事。不過，有一點小困難發生了：這鐵門早已不知去向，誰也不知道在那些糾紛的歲月中，它們的下落怎樣。當時的總督已經去世，而這殖民地的早期前輩們也差不多都死了。

廣泛的搜尋鐵門的工作開始了，其經過記敘在一大堆文件中，讀起來幾乎像一部偵探小說。終於，這一對鐵門在愛爾蘭發現了，是由當年的一個香港官員搬回去的。

結果，它們被運回香港，在一九二五年五月二十六日的下午四點半鐘，這一對錦田的古鐵門，由香港總督莊嚴的又交回給歡樂感激的鄧族人士。

當時主持這項「珠還」典禮的，是史塔士。他還怕這樣歪曲事實，給他的前輩侵略行為塗脂抹粉的工作做得不夠，又指使以鄧伯裘為首的若干鄧姓族人，立了一塊碑石來紀念此事。碑文的措辭是煞費苦心的，將當年吉慶圍鄉人勇抗英軍的侵略行為，說得「委婉曲折」，是一種不得已的行動，最後更對港英終於發還鐵門，認為是一種「深仁大德」。可說是一篇典型的奴才文學。這一篇可恥的碑記全文是這樣的：

溯我鄧族符協祖，自宋崇寧間，由江右宦遊到粵，卜居是鄉之南北兩圍，後因子孫繁衍，於明成紀時，分居吉慶圍泰康圍兩圍，四周均深溝高壘，復加連環鐵門。想前人之意，實欲鞏固茲圍，以防禦萑苻耳。迨前清光緒二十五年己亥，即西曆一千八百九十九年，清政府將深圳河之南隅，租與大英國。斯時清政府未將明令頒佈，故當英軍到時，各鄉無知者受人煽動，起而抵抗。我圍人民，恐受騷擾，堅閉鐵閘以避之，而英軍疑有莠民藏匿其間，遂將鐵閘攻破。入圍時，方知皆良民婦女，故無薄待情事，故將鐵門繳去。現二十六傳孫伯裘，代表本圍人眾，稟呈港政府，蒙轉達英京，將鐵門發還，照舊安設以固治安，所有費用，由港府支給，又蒙史督憲親臨敝村行奠基禮，足見英政府深仁大德，亦為表揚吾民對於英政府之誠心悅服矣，特銘之於碑，以誌不忘云爾。大英一千九百二十五年六月二十六日，中華民國十四年乙丑歲閏四月初五吉日立。

這塊數典忘祖，將當年拆毀廬舍田地，侮辱親宗的侵略者，當作是自己的恩人，對之歌功頌德的碑石，後來就嵌在吉慶圍鐵門一旁的牆上。儘管碑文措辭歪曲，但是遊人多數知道這一對鐵門失而復得的歷史，不會受它的蒙蔽。

後來，香港淪陷在日本人手裏，碑石被毀，現在吉慶圍的牆上只留下了一塊用水泥填補起來的空白，但是當年吉慶圍鄉人武裝抗英的史蹟，卻一直鐫刻在「新界」鄉人的心中，到現在發揮了更令敵人沮喪的作用。

英水兵毆斃林維喜血案

林維喜是九龍尖沙咀的尖沙村村民，是個小販，因拒絕賣食物給英國鴉片船上岸的水兵，被水兵用棍毆死。這宗血案，發生在鴉片戰爭前夜。當時英國的鴉片商船，由於抗拒林則徐的法令，不肯繳煙，便逃離黃埔港，一起停泊在九龍尖沙咀洋面。林則徐因英國商務監督義律公然抗拒法令，就下令斷絕英夷的柴米食物接濟，通令九龍尖沙咀一帶村民不賣食物給英船水手。他們慌了起來，先用利誘，後來就強搶。尖沙村的村民林維喜就是這樣被登岸的英國水兵強買不遂，借酒行兇，用木棍毆斃的。這事發生在滿清道光十九年五月二十七日，即公元一八三九年七月七日。

事情發生後，義律知道出了亂子，就趕緊從澳門趕到尖沙咀洋面來處理。他的手法是將真兇藏匿起來，將幾個醉酒的小兵處以輕微的罰款和監禁，說他們上岸滋事，然後用錢賄賂死者的家人，想將這宗血案就這麼私下了結。

林則徐知道了這事，就一面諭令澳門同知叫義律負責交出殺人兇犯，一面將血案發生經過上奏：

五月二十七日，尖沙村中有民人林維喜被夷人酒醉行兇，棍毆斃命，經新安縣梁星源驗明頂心及左乳下各受木棍重傷。訊據見證鄉鄰，僉稱係英吉利國船上夷人所毆，眾供甚為確鑿。

可是，義律卻蓄意包庇殺人兇手，對澳門同知蔣立昂諭令交出兇手的要求，竟推說查不出兇手。他給蔣立昂的答覆是：

英吉利國義律敬啟澳門等處軍民府、為轉稟上憲之事。查五月二十七日，尖沙咀村居民一名，被毆傷斃命，遠職遵國主之明諭，不准交罪犯者，按照本國之律例，加意徹底細查情由，秉公審辦，倘若查出實在死罪之兇犯，亦擬誅死。現今遠職謹報誠言，該罪犯不發覺。特將此情，恭請電鑒，祈轉稟上憲，感德不淺。

林則徐見了這答覆，十分震怒，在第二天就批諭，責義律「枉悖誣妄，庇匿罪人」。他這麼說：

查尖沙咀命案，早經委員諭令義律交出兇夷，聽候審辦，乃延至月餘之久；抗不交兇……又云「該罪犯不發覺」，更屬欺人之語。查義律即係職官，自有此案之後，兩次親赴尖沙咀，查訊多日，若尚不知誰為兇手，是木偶之不如，又何以為職官？明明查有兇夷，私押在船，若再違抗不交，是義律始終庇匿罪人，即與罪人同罪……

後來林則徐為了這事，偕同當時兩廣總督鄧廷楨，兩人親自到澳門頒佈禁絕英人柴米食物，撤去買辦工人的命令。義律只好率領全體英國商民，逃離了澳門。

林則徐給維多利亞女王的檄諭

在鴉片戰爭初期，林則徐曾頒發過一道「檄諭英國女王維多利亞」的文書。這是有關鴉片戰爭文獻中有意義而又有趣的一種。想到前幾天維多利亞公園裏的女王銅像身上也被漆上了標語口號，看來百年一夢，是從她開始，大約也將在她身上宣佈終結了，這更是一個有趣的巧合。

檄諭流傳下來的共有兩種，一是初次的擬稿，一是後來正式頒發的。英國人所寫的有關鴉片戰爭的歷史中也一再提到了林則徐的這一封文書，可知當時確實曾經傳達到倫敦了。

這封檄諭，是由林則徐經由他的屬員轉交給英國駐華商務監督義律（林則徐禁煙交涉的英方對手），責成他遞送回國的。但是林則徐顧慮義律不敢收下，或是收了並不遞送回國，遂採用別的周全的補助方法。據梁廷枏的《夷氛聞記》所載：

則徐慮義律以己不善辦理受責，辭不肯收，收亦浮沉，文既未達，終無實耗，乃繕封數十，按其在粵國船，及他國船之必抵其蘭崙城者，船與一通，使歸投焉，以期必至。

這裏所說的「蘭崙城」，就是倫敦。他這方法想得妙，因此這道檄諭果然送到了英國。據《信及錄》，當時將檄諭的副本交英國商船帶回國，還要他們出具收據。這以下就是當時一艘英國商船船主「彎剌」所寫的收據：

我英國船主彎剌，收到三位大官欽差林，兩廣總督鄧，廣東撫院怡，照會文書一通與我國王后，我小心謹慎帶之，並交與所寄之人。我所應承，必誠實做之。道光十九年十二月十四日，彎剌擔帶。

道光十九年即公元一八四零年，彎剌是譯音，即今日通常譯成「華納」的（Captain Warner）。「擔帶」大約是負責簽字之意。

以下即林則徐頒發給維多利亞女王的檄諭原文。《鴉片事略》及《夷氛聞記》等書皆有載，若干字句略有差異，當是所據的傳鈔底本不同。這裏所用的是《鴉片事略》所載的原文：

天朝欽差大臣，兵部尚書，湖廣總督林；兵部尚書，兩廣總督鄧；兵部侍郎，廣東巡撫怡，會同移文於英吉利國王，為照會禁鴉片事：

照得天道無私，不容害人以利己；人情不異，孰不惡死而好生；貴國雖在重洋數萬里外，而同此天道，同此人情，未有不明於生死利害者也。

我天朝四海為家，大皇帝如天之仁，無所不覆，即遐荒絕域，亦在並生並育之中。廣東自開禁以來，流通貿易，凡內地民人，與貴國番舶，相安於樂利者，數百年於茲矣。且如大黃茶葉湖絲等物，皆國中寶貴之產，貴國若不得此，則無以為命，而天朝一視同仁，許其販運出洋，絕不靳惜，無非推恩外服，以天地之心為心也。

乃有一種奸夷，製為鴉片，夾帶販賣，誘惑愚民，以害其身，而謀其利。從前吸食者尚少，近則互相傳染，流毒日深。在中原富庶蕃昌，雖有此等愚民，貪口腹而一戕生命！亦屬孽由自作，何必為之愛惜？然以大一統之天下，務在端風俗以正人心，豈肯使海內生靈，任其鴆毒？是以現將內地販賣鴉片，並吸食之人，一體嚴行治罪，永絕流傳。

惟思此種毒物，係貴國所屬各部落內，鬼蜮奸人，私行造作，自非貴國王令其製賣。且即各國之中，亦止數國製造此物，並非諸國皆然。稔聞貴國亦不准人吸食，犯者必懲。自係知其害人，故特為之嚴禁。然禁其吸食，尤該禁其販賣。並禁其製造，乃為公恕之道。若徒禁其吸食，而仍製造販賣，引誘內地愚民，則欲己之生，而陷人於死；欲己之利，則貽人以害，此則人情之所共恨，天道之所不容。

以天朝威震華夷，何難力制其命？而仰體聖仁寬大，自宣告誡於先。且從前曾用公文移會貴國王一同嚴禁，則焉得諉為不知。今與貴國王約，將此害人之鴉片，永遠斷絕。我內地禁人吸食，爾屬國禁人製造；其從前已經製造者，貴國王須即令其搜盡，投之海底，斷不許天地間更有此種毒物。非獨內地民人不受其害，即貴國民人，既有造作，安知其不吸食？並令造作而禁之，則貴國亦不受其害，真不各享太平之福，而益見貴國恭順之忱？如此，則明乎天地，而上天不致降災；協乎人情，而聖人亦必嘉祥。

況內地既經嚴禁，無人吸食，即該夷等仍行製造，終亦無處銷賣，無利可牟。與其虧本徒勞，何不改圖生業？況在內地搜出，盡付油火焚燒，若再有夷船夾帶鴉片前來，不能不一體燒燬，恐船內他貨難免玉石俱焚，是利未得而害已形，欲害人而先害己。天朝之所以能臣服萬國，正有不測之神威，毋謂言之不早也。

貴國王接到此文，即將如何嚴禁斷絕緣由，速行移覆，幸毋諉說遲延，佇切盼切。道光十九年二月　日。

這份檄諭英國女王維多利亞的文書，在鴉片戰爭初期，很受中外人士重視，在廣州坊間甚至有人刊版流傳。但是擅印欽差大臣的文書是犯法的，那個熱心的書商曾因此受罰，林則徐在他的日記中曾記載了這事。

連「海盜王國」也不是

許多人都說，香港島這地方，從前是大海盜張保仔的巢穴，太平山頂有他的哨崗，半山腰有他開闢的通路，「西營盤」是他的營寨等等。他曾在這裏建立了他的海盜王國。

我一直在駁斥這個說法，為的是說這樣話的人不過是人云亦云，並不曾對張保仔和他的故事作過仔細認真的研究。張保仔當時的實力，擁有帆船三百艘，部眾兩萬人，火礮一千多門。這樣一個龐大的船隊，又經常要四出活動，必須要有一個大規模的給養補充和修理基地。香港這樣一個彈丸小島，實在沒有資格容得下他。他偶爾派一個小隊到這裏來巡視收規，或者有之。他是不會在這裏建立他的海盜王國的。

海盜就是海盜，他的王國建立在海上，不會建在陸上。他所選擇的基地是大嶼山。香港這個小島，是連做海盜王國也不夠資格的。

這一座小島，從前連一個正式名稱都沒有，只有「裙帶路」這個土名，曾見於滿清嘉慶道光以前的《東莞縣志》。後來被證實所指的就是今日的香港島，不過還只是指面對九龍的島上這一部分而言，其他就分別稱為赤柱村、黃泥涌、石排灣等等村莊，整個島是根本沒有一個總名的。

在鴉片戰爭前後，廣東方面的滿清官員，在奏章上提到這座小島，總是這麼說：

> 前所修裙帶路寮房石路，未始不作銷貨之想。（見道光二十一年五月，廣州將軍奕山關於英軍進攻廣州的奏章）
>
> 在土名裙帶路一帶鑿山開道，建蓋洋樓一百餘所。（見道光二十三年，

兩廣欽差大臣耆英來港與模鼎查會談後的奏報）

他們仍只是叫這裏作「裙帶路」，從不稱為香港島。

這個「裙帶路」的得名，是因為島上山腰有一條從山南通到山北的小路，從九龍方面望過來，蜿蜒如帶，因此稱為裙帶路。所以不該寫作「群帶路」。「阿群帶路」的傳説，是無稽的。這裏曾經是張保仔海盜王國的傳説，也是無稽的。

洋人的「驚人之談」

從報上讀到有一個香港洋人官員所作演講的中文稿，講的是「中國人抵步前之香港」。他所劃定的這個「前」的界限，是「從最早期至公元九百年」。

看了這個題目，再推算一下這個年限，覺得這個演講實在是「驚人之談」。

公元九百年，已經是第十世紀。在中國歷史上來說，已經是五代末期，進入了北宋初期。說南中國沿海各地，以及海中大大小小的海島上，最初是並沒有人類居住，或是中華民族的祖先尚未到達，這當然是說得過去的。但將這年限劃到了公元九百年，即中國歷史上的唐以後的五代時期，說這一帶還未有中國人到達，或是雖有人而這些人不是「中國人」，這個「考證」真是太「驚人」了。看來只有「洋人」

才有勇氣敢作出這個結論的。

講辭中又有幾句說，在公元前五百年南丫島與大嶼山南方都屬高地，但從前近海濱地方，現在則是高地。

我們知道，公元前五百年，即距今約二千五百年前，也就是中國歷史上的東周時代，中國南方沿海的地殼還會有這樣巨大的變動，這也應該屬於「驚人之談」之列。

香港南丫島大嶼山等等，這些島嶼，都是中國大陸的一環。研究這些地方的文化，無論是史前或是什麼時代的，必須與中國文化中國社會中國民族連結在一起來研究，才有眉目，才有發展的線索可尋。若是孤立起來，或是捨近而圖遠，從南洋或東南亞印度等等地方的文化遺蹟來印證今日在香港區域內可能見到的一些文化遺蹟，必然愈走愈岔，愈見愈奇。自以為驚人之見，其實是「明察秋毫而不見輿薪」，無一是處了。

港英曾兩次從香港下旗撤退

在過去一百多年間，侵略香港的英帝國主義軍隊，曾兩次從香港島下旗撤退。一次是一九四一年十二月二十五日，當時「港督」楊慕琦代表防守香港的英國三軍向日本人扯白旗投降，這已是盡人皆知的事情。但是還有一次，則知道的人很少，甚至有些研究香港歷史的英國人自己也忽略了。

這是一八四一年二月的事情，當時英國軍隊侵佔香港島不久，得到消息，知道滿清道光皇帝為這事大發雷霆，傳旨兩廣總督調兵向英夷開仗。義律知道了這消息，決定先發制人，趁滿清未佈置完畢之際，先行攻打虎門礮臺，進犯廣州，因此在二月二十日發動戰爭，將當時侵佔香港島的英國駐軍掃數調走。由於當時英帝國主義在這一帶只有這麼一小撮軍隊，要攻打虎門就顧不到香港，只好暫時將香港島放棄，將軍隊掃數調走，將島上的英國商民遷往大嶼山西北面的沙洲島暫住。那裏本來是英國煙商躉集鴉片走私的所在，略有設備，可以供給為數不少的英國商民暫住。

這時在廣東方面，林則徐已被撤職調走，私下斷送了香港島的欽差大臣琦善，知道自己犯了天條大罪，朝不保暮，正在欺上瞞下，過一刻是一刻，根本就不敢同夷人開仗，這一來就苦了當時防守虎門的水師提督關天培。他孤軍抗戰，奮勇抵抗來侵略的英國海軍優勢兵力，琦善按兵不動，拒絕關天培幾次告急請援的要求，結果同部下在礮臺上奮戰至死。英國侵略軍隊就沿了珠江長驅直入，駛入白鵝潭，強迫滿清官吏訂立了城下之盟，這才撤兵回到香港，再將英國商民從沙洲島搬回來，這時已是三月六日。從二月二十日到三月六日，總計英軍這次將香港島下旗放棄了半個月之久。

《香港的誕生、童年和長成》一書的著者英國人沙雅氏，記敘這次英國人從香港島下旗撤退的經過說：

……這就是當時香港的情形，當二月二十日進攻虎門礮臺的命令下來後，於是在二月二十日那天，因了無法留下足夠的隊伍防守香港，不得不採取從香港下旗撤退的措施，因此市面就被遷移到沙洲——一個介乎大嶼山與銅鼓洲之間的島嶼去暫住……

已經兩次了，會不會再有第三次呢？膽敢與七億中國人民為敵，膽敢向毛澤東思想挑戰的港英，眼看上天無路，入地無門的日子就要來到，根本談不到什麼撤退不撤退了。

早年香港的怪論

整理有關香港的舊資料，順便又讀了一些。其中有一篇是關於在早年香港，有兩個有點醉酒的英國軍官，在赤柱調戲人家的婦女，引起衝突和圍毆，結果，這兩個軍官當場被人刺死了的紀錄。

這是一百多年前（一八四九年）的舊事。在當時是一件大事，後來曾經正式審問。最初死者的同僚曾經否認死者醉酒，為的是要說成死者是在神智正常之下被村人「謀殺」的。但是經不起在場目擊者的異口同聲的證明，結果，只好認為死者是被人「誤殺」，而不是「謀殺」。

我看到的是一份舊報紙的記載（當然是英文的）。當那個被調戲的女子自動出來作證，親自敘述兩個英軍軍官如何在醉酒的狀態下來到屋內向她調戲，她的阿公阿婆來阻止，被他們用手杖打破頭，因而引起禍端的經過時，有不少人感到尷尬了，故意向她作其他方面的反覆盤問，以便減低她的證供的價值。

這家報紙是「謀殺」派，因而不喜歡這個女子的作供。他們記載這女子被盤問時，說不出丈夫的全部姓名，只知道他叫「阿羅」，認為她的證供不足據。

這樣的武斷真是太荒唐了。我們知道，在一百多年前，一個沿海小島上的漁村婦人，必然是文盲，她只知道自己的丈夫叫「阿羅」（是這個人家的姓），說不出他的名字（也許這個漁民除了「阿羅」之外就根本沒有其他名字），一定是常有的事。但這樣的人卻不一定會說謊。為什麼會影響她的其他方面呢？這就是早年那些殖民主義者的邏輯！

下手殺人的是當時匿居村中的一個好漢，也就是那個有名的徐亞保。他在事後就連夜乘船送回海上去了。當這件兇殺案傳到倫敦後，官方發出了更奇妙的推測。他們指出，被殺的這兩個英國軍官，在鴉片戰爭中曾參加攻打虎門，測繪了虎門礮臺的形勢位置圖，繪得非常精密。可能因此遭滿清官方所忌，買通徐亞保向他們行兇的。

這解釋的動機同那家報紙一樣，目的全是為了身為駐軍軍官竟醉酒調戲良家婦女，乃是一件不名譽的行為。總是想用種種方法來推翻這個事實。然而事實終是事實，到後來這件案子的陪審員也衹好斷定這兩個軍官的死，是由於飲酒後行為不端，以致被人所殺。並非被人「蓄意謀殺」了。

調戲赤柱婦女被殺的英國軍官

現在花園道聖約翰教堂南面的牆上，嵌有一塊紀念碑，是紀念早年兩個在赤柱被殺的英國軍官的。其實，對英國人來說，沒有這塊紀念碑也罷。因為有了這塊紀念碑，就恰好向人說明當年的那些英國兵是怎樣的毫無紀律，以及怎樣的侮辱中國居民。因為這兩個英國軍官是在赤柱黃麻角村中調戲中國婦女，當場被中國居民殺死的。

這是一八四九年二月二十五日的事情。這兩個英國軍官，一個名叫科斯達，是皇家工程營的上尉；另一個名叫達亞爾，是錫蘭來福槍聯隊的中尉，都是駐紮在赤柱的。在這天下午四時左右，聯同其他兩個軍官，四個人一起到赤柱黃麻角村去散步。走了一程，其餘兩人同他們分了手，走向另一條路，他們兩人則一直向黃麻角村走去。

據後來被拘捕到法庭的黃麻角村民作證說：

當這兩個英國軍官走進黃麻角村中時，已經是當天的薄暮時分，他們喝得醉醺醺的，一走進村內，就挨家逐戶的找女人，這樣一直來到村中最末一家人家。這家人家的屋內有一對老夫妻和一個年輕的媳婦。他們走進來時，家婆和媳婦正在煮飯。兩個軍官之中的一個，那個「矮而胖的一個」（後來證明是科斯達），就向年輕的媳婦動手動腳。家公和家婆見了。趕來阻止。不料兩個英國軍官忽為兇性大發，用手杖向他們迎頭亂打，打破了他們的頭，血流滿面，只好跑到門口高叫「救命」。四鄰聞聲趕來，知道是紅毛鬼調戲婦女還要打人，就一起衝進去想將他們拖出屋外。哪知這兩個英兵已失去理性，繼續用手杖向來人亂打。

這樣一來，自然驚動了更多的村人、也激起了更大的憤怒。好漢徐亞保的船隻正停泊在赤柱，聽到紅毛鬼在村中調戲婦女還要打人，就率領幾個伙伴，手執長矛趕來，要將他們趕走。不料他們繼續盤踞屋內，搶了徐亞保伙伴手中的長矛，將它折斷。這一來自然更激怒了徐亞保，知道非給他們一點厲害看看不可，就實行動手向他們攻擊。兩個英國軍官這時才看出情形不對，已經大禍臨頭，就奪門逃命。可是已經遲了，被徐亞保追上，用長矛將他們戳倒，先戳死了科斯達，再戳死達亞爾，然後叫伙伴用竹竿擡了兩具屍首，擡到赤柱山頭的峭壁上，一起拋入海中。他自己在當晚就同伙伴乘船離開了赤柱。

徐亞保仗義懲兇的壯舉，使得赤柱人心大快。後來當局知道這兩個英國軍官咎由自取，也不敢為難黃麻角村民。聖約翰教堂的那塊紀念碑上所記的，就是這兩人。其中科斯達的屍首後來在海上撈到了，達亞爾則一直沒有下落。

使得全港英人中毒的毒麵包案

香港歷史上有名的毒麵包案，雖然事隔多年，至今猶使這裏的英國人提起了就「談虎色變」。因為在發生集體中毒案的那天早上，全港四百多名英國人，不分男女老幼，無不瀕臨於死亡的邊緣，呻吟呼救。另一害怕的原因，是麵包有毒的原因，自始至終查不出來源，至今仍是懸案。

這宗毒麵包案，發生在一八五七年一月十五日的早上。據《香港史》的著者埃特爾比氏，在他的這本著作裏，記載出事的當天情形道：

一八五七年一月十五日的早上，在裝載上述各項新聞的郵件船隻離開港口駛往英倫之前數小時（按作者在這裏所說「上述各項新聞」，是指當時英國人藉了「亞羅號」事件，開始侵犯廣州，所進行的第二次鴉片戰爭。戰爭爆發後，當時在香港的中國人也從各方面配合形勢，向敵人反擊），香港的英籍居民忽然被一陣普遍的恐怖所襲擊，因為從每一個英國人早餐的餐桌上，都發出了一致的驚呼聲：「麵包有毒。」

大約有四百名英國人，那天早上吃了由「裕盛辦館」所供應的麵包，這是由一個名叫「阿霖」的香山人開設的，都或輕或重的中了砒毒。後來，由政府化驗師化驗，每四磅白麵包含有百分之九十二格蘭姆的砒素。烤麵包所含的毒素最輕（百分之一．五格蘭姆），但是四安士之中曾發現含有砒毒兩格蘭姆半。黃麵包的毒量比烤麵包多兩倍半，白麵包比烤麵包多六倍。吃得愈多的人，中毒愈深。

有一些人，寶靈總督夫人是其中之一，都曾經陷於昏迷狀態；有許多人後來雖然獲救，但是他們的健康從此永遠受到損害。每一個人在精神上都受到嚴重的驚駭，因為突然發覺自己身邊已經被暗殺者所包圍。這一次的中毒事件，雖然並不曾使得有人立時死亡，但是以寶靈總督夫人為例，她後來送回英國調養，健康從此未能恢復，顯然促她早日進了墳墓。甚至在事隔一年之後（一八五八年一月十七日），當地報紙還提到一個名叫郡克，以及「百合」號船長的死亡，在醫學上根究起來，都是由於上年所中的砒毒。

在出事當天的早上，震驚自然達到了最高點。當地的醫療人員，他們自己也因中了毒而本身在痛苦，忙着挨家去施救，差不多每走一步都碰到從四方八面傳來的驚慌呼救聲。全港每一個歐籍家庭都迫切的需要嘔吐劑。麵包商人阿霖，他在過去幾星期之前，就由於他的家鄉香山縣官員的來信，要他離開香港，使他很耽憂，已經在出事的這天早上帶領他的妻子兒女，乘船離港到澳門去了，但他們在船上也同樣吃了自己攜帶的麵包中毒。

抵達澳門後，知道他所供應的麵包出了事，立即自動回港，抵港後就被拘捕。更奇怪的是，他的店中的麵包工人，即使在毒案發生以後，他們也不曾逃走，一直留在店中，等候警方來調查。警方延遲在幾小時之後才來到，將他們五十一人拘捕。

這以上是埃特爾比所記載的毒麵包案發生後的當時情形。另據當時報紙的記載：當麵包有毒的消息傳開後，不用說，政府和警方就立即出動去追查。由於麵包全是由裕盛辦館供給的，當然首先就去搜查這家辦館。

裕盛辦館是當時香港規模很大的一家辦館，專門承接香港外國人的伙食，幾乎全港的外國人日常所吃的麵包，都是由他們所供給的，甚至駐港的英國軍隊的糧食，也是由他們包辦的。

老板張阿霖在當時香港商界已有相當地位。當軍警來到裕盛辦館搜查時，他們發覺店中伙計仍在照常工作。只是不見老板張阿霖，追問之下，這才知道老板夫婦恰在這天清晨，攜帶一家老小，乘船離港到澳門去了。

這一來，張阿霖的行動自然蒙上了莫大的嫌疑。於是警方首先就將裕盛辦館的全體伙計，共計五十一人，一起拘押，並將辦館發封。奇怪的是，警方採取這步驟時，已經是這天的中午，麵包有毒的新聞早已哄傳全港，可是裕盛辦館的全體伙計對這件事情毫不感到什麼緊張，仍照常在店中工作，警察來拘捕時，沒有一個人走避。

這時，當局認為張阿霖是畏罪逃走，因此立時派了一艘專輪「皇后」號前往追趕截攔，同時懸賞一千大元，通緝裕盛店中一個名叫「阿蔡」的伙計，因為這個伙計在這天早上未返工，事後又失蹤不見。

至於張阿霖一家人，在「皇后」號未抵達澳門前，他們已經到了澳門，而且已經知道他店中供應的麵包有毒的消息。他並不驚慌逃走，當香港追蹤他的人員抵澳後，他就向他們投案自首。由澳門政府暫時將他扣留，第二天乘搭「舍姆洛特」號押解返港。

當然，這是使得當時香港全港外國人驚惶失措的一宗巨案。據後來統計，當時這一批麵包所含的砒素，總共算起來該有十磅之多。十磅劇毒的砒素，並不是隨便就可以買得到的。那麼，這是從什麼地方得到的呢？又是誰所供應的呢？更是誰所主使的呢？

當然，當時誰都認為嫌疑最大的是麵包店老板張阿霖。要解決這些問題，自然首先應該問他。可是，對於這些問題，張阿霖一概回答不知道。他說他當天早上全家離港到澳門，是宣佈已久的一個計劃，是盡人皆知的。他赴澳的目的是護送家人回香山去拜山，他本人則是準備隨時回港的。

關於那天他店中烘製的麵包全部有毒的問題，他說他全部不知情。他那天乘船離港時所攜帶的也是當天烘製的麵包。他自己雖不曾吃，但是他的兒女們在船上都吃了，也同樣的中了毒。他說這可以作為他對這件事情毫不知情的最好說明。

其次，他這次抵達澳門之後，還在澳門定購了一批麵粉，準備回港後作擴充業務之用，因為他新近承接了兵房的一批新定單。他辯說如果自己有什麼不軌企圖，又何必要這麼做。

張阿霖這樣的清白表示，使得當時警方對辦理這件中毒案異常棘手。因為警方不少人都相信張阿霖對於店中麵包有毒的問題，確是事前毫不知情的。他們說，他當時的營業情形非常好，業務一天比一天更發展，裕盛辦館已經是當時本港最大規模的一家辦館，而且他的生意是全部依靠外國人的，他決沒有理由會忽然要謀殺自己的全部主顧。

再有，當時市面謠傳張阿霖是受了廣東官員的壓迫。他們知道張阿霖負責供應香港英軍的伙食，曾經罵他是漢奸，說要捉拿他和他鄉下的家人，使他很忿恨，很難忽然又妥協了，使他服從這些官員的命令。

據當時的推測，麵包全部忽然有毒，當然不是偶然的現象，認為最大的可能，乃是外間有人買通了裕盛店中一部分的伙計，乘人不備暗中下毒，以便使得全體外國人吃了麵包中毒。

還有一說，說這舉動是出於同業的嫉妬。因了裕盛的營業太好，他們想搞垮他，因此買通人在他的出品中下毒，藉此陷害他，嫁禍到他的身上。

張阿霖對於自己的辯白，雖然清楚可信，可是當時警方認為有毒的麵包既是裕盛出品，而他又是裕盛的老闆，他和他的伙計無論如何脫不了這個責任，因此一直將他們扣留，並且提出了控訴。

在一月二十一日這天，即在毒麵包案發生一星期後，張阿霖本人和他的父親，還有店中的八個伙計，他們都是負責攙攪麵粉工作的，一起被提堂接受初步的偵訊。這是一個臨時組織的特別法庭，由當時的總督授權警察總監和輔政司組織的，法庭的地點就設在警署內。經過他們的初步偵查，認為證據成立，決定移交刑庭，並且定期在二月二日正式開庭審問。

本來，裕盛辦館被拘捕的伙計，共有五十一人，這時正式被控的，只有八個人，其餘四十多人仍暫時羈押，要看張阿霖等人審判的結果如何而定。若是張阿霖等人的罪名不成立，他們就無須審問。若是張阿霖等人的罪名成立了，他們自然也要繼續被控。

高等法庭的刑庭在二月二日下午正式開始審問這宗案件。由於無法查出毒藥的來源，以及保管這一批毒藥的人是誰，因此張阿霖等人雖然應負重大的責任，但是卻無法證明他們曾經主謀或是參加下毒，因此一連審問了三天，陪審員以五對一的比數，宣佈他們下毒的罪名不能成立，獲得釋放。

這一來，吃了麵包中過毒的英國人又噪了起來，罵這些陪審員糊塗。他們揚言待張阿霖這一批人自拘留所釋出後，要用私刑來對付，說要將他們不分首從，不必經過任何法律手續，將他們一律處死。

這些人一致咬定，張阿霖是有心要毒死全港英國人的，說他這麼做，乃是受了當時廣州官員的威迫和利誘，責成他在麵包裏下毒來害死全港的外國人。他們說，他逃到了澳門，知道有人追來了，就故意自首，又故意訂購麪粉，全是一種煙幕作用。至於他的子女在船上所吃的麵包，一說是根本無毒的。他的子女在船上的嘔吐，乃是暈浪，並不是中毒。又一說他故意使他的子女也吃有毒的麵包，乃是一種苦肉計。總之是，這些人一口肯定麵包裏有砒毒，一定是張阿霖主謀的，所以聲勢洶洶，說法院如果釋放了這一批人，他們就一定用私刑將這些人處死。

這一來，總督寶靈又害怕了起來，他採用特別法令再將張阿霖和他的全部伙計，加以拘押。

當時港督寶靈，運用新通過的「維持本港的安全和平條例」，重行將張阿霖等人拘押後，一面就趕緊將毒麵包案發生詳情，以及開庭審問不得罪證的經過，向倫敦報告，要求指示處置辦法。

二月七日，有一部分人提出意見，要求不論是否有罪證，應該將裕盛辦館的全部伙計遞解出境，只留下張阿霖一人，以便他結束店務和清理賬目，待手續完畢後也要他離境。

同時，更有人異想天開的要求將本案一切有關的人犯，都遞解到台灣去。但是寶靈認為既然向倫敦呈報了，一切應該等待倫敦的指示來了再說。

這時，港英的一切設備都十分簡陋，監獄內部更狹隘污穢。本來能容納的犯人名額已經有限，這時突然增加了裕盛辦館的伙計五十多人，監獄擁擠不堪，伙食和衛生情況都十分惡劣，隨時有發生疫症的可能，警方害怕鬧出新的事故，就取得寶靈的同意，將裕盛伙計全部釋放，同時限定他們立即離境，不許再來，只留下張阿霖一人。

到了這年的五月八日，英倫殖民部關於毒麵包案的批示來了，指出既然初審找不出主謀下毒及如何下毒的證據，以後如無新的證據，可不必再審，應將全部有關人犯一律驅逐出境了案。

寶靈收到了這指示後，自然就依示辦理。事實上，裕盛的全部伙計早已釋放，而且已經遣送離境。現在剩下的只是張阿霖一人，於是在這年的七月尾，也下令將他釋放。但是要他向監獄官簽署了一份志願書，表示自己在五年之內決不來港，否則甘願罰款一千鎊。

張阿霖獲釋後，在第二天就立即乘船離港前往安南。他的問題，本來應該可以結束了，但是由於債務關係，又惹出了新的事故。

本來，張阿霖是個殷商。毒案發生後，他首先就聘了當時香港有名的大狀師必列啫士為辯護人。辯護的費用當然很大，可是張阿霖被扣留後，他的全部財產都受假扣押，不許動用。這一來，必列啫士應支領的律師費用，豈不是沒有着落了，因此他本人在一月二十八日向法庭申請，說他代表張阿霖辯護，有應得的費用，現在當局將張阿霖的全部財產扣押，豈不是他的費用也無處可支了。因此他要求將張阿霖的財產交給他掌管，以便保證他的律師費用。

不用說，港英的代表律師自然加以反對。

官方代表律師反對必烈啫士律師申請啓封張阿霖被假扣押的財產，以便充作他應得的律師費用。他說，張阿霖負有不少債務要清理，而且官方可能要向他處分罰款，因此他的財產要扣押起來，以便充作這樣的用途，不能浪費在律師身上。

不料這話又引起了必烈啫士律師的不滿，說官方律師說張阿霖聘用律師應支付的費用是「浪費」，是跡近譭謗，提出抗議。後來由法官作和事老，說必烈啫士所需的費用多少，請他作一預算，交由法庭審定核准，然後保證在張阿霖被扣押的財產項下支付，這才了結這個糾紛。

不料當張阿霖正式被釋放，乘船往安南去後，另一錢債糾紛又發生了。原來在吃了裕盛辦館的麵包中毒的許多英國人之中，有一個是當時一家西報《中國之友》的編者威廉·吐倫。他不甘因毒麵包所受的精神和醫藥費的損失，曾向張阿霖提出民事訴訟，要求賠償。這是毒麵包案中向張阿霖要求賠償損失的第一宗訴訟，可說是試探性質的，若是訴訟得直，就會有大批英國人繼續向他要求賠償。

吐倫的民事訴訟，在六月二十三日開審，當時張阿霖仍在獄中。審問結果，原告吐倫勝利，法官判張阿霖要賠償吐倫一千零十元。可是張阿霖的財產這時都在扣押中，只好等待他的刑事案件結束後再支付。

不料到了七月底，張阿霖正式釋放，並且隨即乘船離港前往安南。等到吐倫知道消息後，張阿霖早已走了，他的賠款自然落了空。還有其他的債權人也是如此。他們一起鼓噪起來，並且遷怒於張阿霖的代表律師必烈啫士，說這是他故意佈置的陷阱。他自己的律師費用到了手，就故意安排張阿霖秘密離港，使別的債權人全部落空。

吐倫在自己的報紙《中國之友》上向必烈啫士大罵，說他只顧自己發財，不顧別人死活，使得必烈啫士受不了，向吐倫提出控告，說他譭謗，又構成了一場新的官司。

這時，本港的輿論，對於這種節外生枝的糾紛，大表不滿。他們認為，對於毒麵包案本身，當局查不出任何線索，結果只好釋放了全部嫌疑者，但是卻縱容其他的人為了金錢在爭吵。他們指出，吃了毒麵包受害的英國人，共有數百人，他們個個都不控告張阿霖，為何惟獨吐倫一人控告？而且居然獲得一千多元的賠償，這在當時是一筆鉅款，認為他有趁機勒索之嫌。這些人又指出，當時必烈啫士已經署理輔政司，卻為一個嫌疑要毒殺全體英國人的中國人擔任辯護，而且收受張阿霖的金錢，未免有虧職守，也向他提出指責。

對於毒麵包案本身，當局既查不出張阿霖和他的全部店伴有任何下毒的證據，不得不將他們全部釋放。可是，麵包有毒卻是事實，那麼，是誰下毒，又從什麼地方獲得那麼大量的砒毒呢？這實在是一個謎。當局在事後一直在暗中加緊偵查。

當時，香港的英國人對這宗毒麵包案，有一種主觀極强的成見，認為這一宗下毒案，毫無疑問是當時兩廣總督葉名琛買兇來進行的。他若不是直接買通了張阿霖，便是買通了他店中的伙計來下毒的。因此他們一面攻擊總督寶靈，說他不該放走了這一批人，一面又猛烈攻擊葉名琛，說他是毒案的主謀，要求進兵廣州，實行報仇。

當時香港和廣州，正因了「亞羅」號事件，由爭辯發展成為武裝衝突，第二次鴉片戰爭已經形成，廣州的官員和愛國民眾，要採用種種手段來對付當時英國侵略者，是極有可能的。香港英國人的那種推測，倒是「合理」的，但是這種推測，卻始終不曾找到有力的證據可以支持。

在另一方面，由於當局一直在追查毒麵包中所含的大量砒毒，究竟來自何處，據說後來查出了一點線索，證明這一宗毒麵包案，全然是一宗意外事件，並不是有人故意下毒的。

據說，在毒麵包案發生之前，曾有一艘輪船運來一批麵粉，同時也運來一批砒石，這兩種貨物都堆在一個貨艙裏。當時船上貨艙的設備簡陋，在海上航行日期又久，風吹浪打，又遇到幾次大風，貨艙漏水，砒石受濕後卻滲入麵粉內。後來這一批麵粉運港後，都由裕盛辦館收購。製出毒麵包的就是這一批有毒的麵粉。因此並不是有人主謀下毒，全然是一宗意外。

這是後來一張報紙的記載。據說當局曾查閱張阿霖購買這一批麵粉進貨的日期，與那艘輪船抵港的日期符合。後來這艘輪船再次來港，當局曾傳船主去問話，也證實上一水的貨物中既有麵粉也有砒石云云。

但這也是一種傳說，當時並無公佈。因此毒麵包案究竟怎樣發生的，是意外事件還是有意下毒？若是有意下毒，主謀和下毒者又是誰？一直沒有定論。因此這一宗使得全港英國人幾乎全體中毒斃命的毒麵包案，始終未能查出究竟是有人下毒還是意外中毒，至今仍是一宗疑案。

特務「華民」吉士笠

曾任香港早期「華民」的傳教士吉士笠，是一個披着羊皮的大特務。在鴉片戰爭期間，在中國沿海和長江一帶，憑了他能說中國話，勾結土豪劣紳，收買奸民，刺探軍情。在一些被滿清軍民捕獲的漢奸之中，十九的供辭都供出是受了吉士笠的指使和收買，可見他作惡之甚。

吉士笠化名甚多，又名郭士立、又名郭實拉、甲利、甲士立、郭士林等等，不一而足。他向中國人傳教時自稱郭士立，後來奉了東印度公司之命，乘船到中國沿海各地去推銷鴉片，怕人揭破他的偽善面目，就化名「甲利」，可說無恥已極。鴉片戰爭後回到香港，「論功行賞」，成為「華民」，又改名為吉士笠了。

滿清的揚威將軍奕經，曾在浙江鎮海一帶捕獲了一名為英國侵略軍刺探消息的漢奸，名叫陳秉鈞，在他受審時的供辭中，就承認他是受了郭士立的收買，在當地刺探軍情的。他的供辭說：

陳秉鈞，鎮海縣人，年四十八歲……暗中指引夷船，來到定海……前被提標游擊拏獲送縣，正在問供間，夷人進攻餘姚，我就乘亂逃出，仍找郭士立替他探聽軍情。現在身上搜出字條，俱是郭士立親筆。每次探事，給我洋錢一二元不等。……今年正月初間，我到慈谿探聞軍器銀兩各物，均在鄉間，當即回去告知郭士立。後來又打聽打仗日期，也曾告知郭士立。現在郭士立處大辦事之人，叫陸心蘭、胡江，都是夷人重用之人。此外還有多人，我都不記姓名。郭士立、瑪哩遜、羅伯玿，都是生長廣東澳門之夷人，能識漢字，能說漢話……

這是通過奕經的奏章所透露的。他們又曾捕獲另一個漢奸，名叫劉福橋，從他的供辭中，知道郭士立的手下還有日本奸細。劉福橋的供辭說：

……夷人踞住定海，我去充當伕役，後有廣東人程周會，因知我會講福建話，當將我薦往日本國人九思處聽用……後郭士立與九思們，叫我拿了小杏黃旗兩面，指劃地界，由招寶山下來，到東嶽宮地方用小雲梯扒上城牆進城。我帶郭士立到認識的協和當舖內索取銀錢。他曾分用，即給夷字一張，算作護牌。郭士立就在寧波府內東廳上居住，我在廳外小亭內安身……

這個掛着傳教士招牌，在鴉片戰爭中充當英國侵略軍特務頭子的吉士笠，後來在寧波染上了時疫，送回澳門養病，滿清官方聽了不正確的情報，在奏章裏說：「郭士立最為著名酋目，近據各處探報，紛傳該夷業已死……」事實上他已溜回澳門，病愈後就留在香港。鴉片戰爭後，「論功行賞」，他被砵甸乍委任為香港「華民司」，直到一八五一年患了鼓脹病去世。至今香港皇后大道中街市對面，有一條狹小污穢的橫街，稱為「吉士笠街」，就是用這個特務「華民」的名字來命名的。

一個開妓寨當龜公的「華民司憲」

香港曾經有過一個「華民司憲大人」，自己當龜公，經營娼業，開設妓寨。這是港英官場百年來的一大醜聞。這個自己當龜公開設妓寨牟利的「華民司憲大人」，不是別個，就是高和爾（D. R. Caldwell），是早年香港官場中一個臭名昭彰的人物。

當時的「華民政務司」名稱，比現在更「堂皇」，稱為「撫華道」。在一八五零年前後，高和爾以「中國通」的身份，在香港官場中炙手可熱，曾任副警司、總登記官，再兼任撫華道。

他的「撫華」政績，真是洋洋大觀，包庇煙賭，勾通海盜，銷售賊贓。這還不算，當時香港是不禁煙、不禁賭、不禁娼的，妓寨只要納稅領牌，就可以公開設立。高和爾娶了一個土娼為妻，為了要養活那些一向以經營醜業為生的妻黨，又因為這是大利所在，就利用自己兼任總登記官，有權填發牌照的便利，竟開設了三家妓寨，而且牌照都是免稅的。

高和爾在當時能夠這麼走紅，而且敢於這麼胡為，完全是由於他同當時的「港督」寶靈和警察總監查理斯梅有勾結，有人袒護他，所以敢於這麼胡來。可是，這時港英的行政官員和司法立法官員傾軋得很利害，為了爭權奪利，除了在當地爭吵以外，還互相到倫敦去告御狀。

到了一八五八年，當時香港的總檢察官安士迪，為了要指責寶靈總督公然袒護高和爾，就正式提出彈劾高和爾案，舉出了他的十九條罪案，除了包庇海盜，納賄營私，結交歹徒之外，關於他開設妓寨，私營醜業的罪狀，共有數款之多。

十九條罪狀之中，與經營妓寨有關的是：第二條，說當時所發的第四十八號妓寨營業牌照，就是屬於他私人所有的。第四條指責他娶了一個土娼為妻，用來出面結交歹徒和經營醜業。第五條指他包辦妓寨和妓寨牌照。不向他納賄、不經過他的關係，就休想獲得妓院牌照。第十五條，指他自己開設三家妓寨，所有牌照都是由他免費填發的。第十六條，指他便利親戚經營醜業。第十七條，指他以賄賂所得，購置政府地段第十一號房產，以高價租與人開設妓院。

總之，這個「司憲大人」，被彈劾的十九條罪狀之中，竟有這麼多是與妓寨有關的。

這件彈劾案提出後，寶靈等人仍想竭力袒護高和爾，但是倫敦方面已經來了要撤查的命令，只好下令將他革職處分，可是事先授意高和爾自動辭職，於是這宗醜聞案就不了了之了。

香港早年的一個洋龜婆

在一八五一年六月十二日香港出版的一張西報上，有這樣的一則廣告：

蜜糖

在郎黛夫人處——有小量小罐上好蜜糖出售。此外還有占酒，白蘭地，車厘酒、砵酒、香檳、樽裝啤酒等等出售。

地點：域多利亞城擺花街。一八五一年六月十二日。

當時若是有一個老實的家庭主婦，看了這則小廣告，真的上門到郎黛夫人那裏要求購買質地上好的罐裝蜜糖，她就不免要感到失望了。不過，據說這位郎黛夫人，是一個十分有辦法的婦人，她可能真的備有一些小罐蜜糖，用來應付這類尋上門來的傻主婦。

事實上，這位郎黛夫人，乃是營業妓寨的老鴇，是一個洋龜婆，她刊登廣告招徠顧客的「小罐蜜糖」，自然不是普通的蜜糖。這種「小蜜糖罐」是能夠走路，而且能夠說話的。

早年香港的擺花街，是一個藏污納垢的地點。許多外國妓院以及專門接待洋嫖客的妓寨，都設在這一帶。郎黛夫人所經營的妓寨，乃是設立最早、規模最大的一家。據約翰·魯夫在他的《香港的故事》裏說，郎黛夫人雖然是龜婆，但她還不是她所經營的這家妓院的真正老闆，在她背後還有真正出錢的老闆，他們都是當時有地位的人物，若是將他們的姓名揭露出來，不免要發生轟動社會的醜聞案。

郎黛夫人自誇她的妓院裏的妓女，這些「小蜜糖罐」都是經過挑選，受過特別訓練的。她們能迎合歐洲人的心理，懂得他們的口味。她們不許開口同嫖客談

「錢」。嫖客若是帶了花和禮物來送給她們，她們也要表示客氣和感謝才收（當年自雲咸街至擺花街一帶，全是鮮花檔，就是供應這種需要而設。這正是「擺花街」得名的原因）。

這些妓女還要懂得怎樣斟酒，怎樣燃雪茄。妓院內部的陳設，全是維多利亞式的，有許多個別的小房間，使得不願被人見到的嫖客，可以互相迴避。若是只想喝酒抽煙的，另設有寬敞華麗的大客廳。

當然，郎黛夫人經營妓院的主要目的，不是在賣酒賣蜜糖，而是賣淫，因此她的最大號召，乃是保證光顧她的嫖客，事後不致發生「難以啓齒」的病痛。

高和爾和威廉堅的頭顱

高和爾，就是前面所説過的，那個利用職權開設妓寨牟利的「撫華道」。威廉堅則是警察總監。他們兩人都是「第二次鴉片戰爭」期間，香港熱門的港英人物。為的是他們兩人已經來到中國多年，是當時自命精通中國情勢的「中國通」，有不少收購漢奸虎倀以及侵略詭計，都是由他們兩人經手的。因此當時新安九龍士紳，對這兩個人恨之入骨，據説曾經懸賞購取他們的頭顱。

這事不見於中國人的記載，卻見於英國人自己的「英國國會文件」（一八五七年份第二輯第四十三卷，編號二二二三號）。據説，當時有一位新安縣的舉人陳芝廷，和他的哥哥曾任戶部主事的陳桂籍，都是負責當時新安縣抗英工作的當地士紳。陳桂籍曾通過香港附近的一個崗哨之手，送了一封密函給香港的一個中國地保和看管英人房屋的中國人，向他們購取高和爾和威廉堅兩人的頭顱，代價是五萬銀元和六品的官職。陳桂籍在這封信上回這人說：

你們一定得到夷人的信任，我想你們一定能進入鬼子的房屋而不會引起他們注意。倘若你們在他們沒有防備的時候，出其不意地突然下手，成功是確定的。無論如何，你們必須趕早行動，切莫延遲。如需船協助，請通知我。

這裏所載的事情，是否是事實，由於僅見於英國國會的檔案譯文，沒有中文原件，中國自己方面也沒有這樣的記載，無法確定是否是事實。只是這兩個人在當時中國人的眼中，是罪惡昭彰的人物，卻是英國人自己也承認的。

又據同一文件所載，陳芝廷曾寫信給他哥哥，報告當時香港的情狀，以及他們封鎖香港糧食，拿獲奸細的經過。他說在二月四日（一八五七年）的半夜，有十多名鄉勇在九龍的一個隘口巡邏，發現有小船載着蔬菜駛往香港，疑是接濟敵人，就上前查問。小船的船伕看見鄉勇，就棄船跳水圖逃，被捉獲兩人。鄉勇又擄獲了一隻英國船和船上的兩名漢奸，一起解新安縣去發落。據說當時香港的鬼子非常害怕，一到入黑，就不時施放大砲壯膽，以十八人為一隊，不斷的出巡。他們害怕中國人放火，又知道中國人懸賞購買他們的頭顱，非常不安。

這些都是一百多年前的舊事了，也是舊賬。從那時起，英帝國主義者就開始在這裏不斷的進行侵略，製造暴行，中國民眾也一直沒有停止過向他們進行抵抗和反擊。

「警察總監」威廉堅的「刮龍術」

在香港淪為英國殖民地初期，在當時「警察總監」威廉堅的手下，有一個很得力的走狗，姓盧名亞景。這個盧亞景，身為中國人，卻甘為英國人的鷹犬，替威廉堅奔走，可說是典型的洋奴。

當時香港治安非常不好，海上有海盜出沒，陸上劫匪橫行，威廉堅就利用盧亞景作線人，來偵緝捕盜。威廉堅捕盜的辦法很特殊，目的主要的是今日所謂「刮龍」。因此他為了「交差」，就「誣良為盜」，這樣就可以應付上司、又可以同「疑犯」講數。此外就是「縱盜」，那就是受了真的海盜和強盜的好處，一切閉目不見。

這一切都是通過盧亞景的手來做的，因此盧亞景成了他的得力助手，也成了他的心腹。盧亞景除了充當捕盜的線人以外，他還以威廉堅的「馬仔」姿態出現，在當時的上環市場公開索賄。

後來，狗咬狗骨，據香港法院的檔案記載，在一八四七年六月間，盧亞景的上司威廉堅被另一個英國人控告，說他用人不當，利用他手下的這個盧亞景，向市場的中國商人和其他租戶索賄收規，同時更有「縱盜」和「誣良為盜」之嫌。當局接納了這控告，下令先組織調查委員會調查威廉堅被控的那些罪名。自然，主要的證人乃是這個盧亞景。不料，這一切全是裝模做樣的，在正式要開庭調查之際，盧亞景忽然「失蹤」了，據說已經回到內地去。主要的證人既然失蹤，調查工作自然無法進行，只好宣佈威廉堅被控的罪名不能成立。

威廉堅的罪名既然不能成立，那個英國人當然有「誣告」嫌疑了。於是威廉堅就反過來告他一狀，使這人既罰款又坐牢。此案既了，盧亞景忽然又出現。其中蛛絲馬跡，不問可知。

勒索犯人的港英執法官

執法官就是今日的典獄官和監獄司。在早年香港，只有一座域多利監獄，管理這座監獄的執法官荷爾法斯，和他的繼任者米歇爾，兩人都是早年本港營私舞弊、貪污索賄著名的人物。

荷爾法斯為執法官時，法院的債務拍賣法令也是由他執行的。有一次，有一艘商船魯易沙號，因船主負債欠人款項，被債主西美氏告到法院，判決將魯易沙號公開拍賣，將賣得的款項歸還債權人。執法官荷爾法斯執行法院的這項拍賣令時，竟串通法院指定的拍賣人都爹利舞弊，故意將拍賣的日期和時間宣佈得不正確，舉行拍賣時，竟無人到場出價投標，就由拍賣人都爹利自己以三百元投得。

這艘商船的拍賣價錢，據估計至少可以賣得二千元左右，現在竟只賣得三百元，債權人以所得無幾，而且拍賣時竟無人投標，而由拍賣官自己以低價購得。這裏面蛛絲馬跡，大有可疑。債權人西美氏不甘損失，就具狀向海事法庭提出抗議。法庭下令重行開投，結果這一次竟賣得了一千七百五十元，比原來的拍賣所得高出了六倍。

報紙公開指責荷爾法斯與都爹利串通舞弊。荷爾法斯只承認自己在法令上填錯了拍賣的日期，別的事概不知情。都爹利則說自己是一番好意，見到魯易沙拍賣時竟無人出價，他遂出價三百元購得，以便債權人多少有一點所得。兩人將串通舞弊的行為，推得乾乾淨淨。

荷爾法斯對於獄中犯人的勒索敲詐，更是手段高明。有一次，有六個中國人被劫案牽連，都判了死刑。荷爾法斯明知他們都是被牽連的，雖然已判死刑，但是罪不至死。但他故意按照獄中優待死囚的慣例，示意這六個犯人可以隨意索取酒食，由包辦犯人伙食的商家照單供應。這樣，這六個人吃了一個多月。減刑令已下，停止「優待」。包伙食的商人獲得荷爾法斯的暗示，開列這六個犯人的伙食賬單，故意開大數，共計二百二十多元。這在當時是一筆驚人的數字。荷爾法斯召集這六個犯人和他們的家屬來到。告訴六人現已減刑，監獄無理由付出這筆伙食鉅款，叫他們家屬在外籌款付給伙食商人。

事實上，這是荷爾法斯串通伙食商人開大數分肥的詭計。後來被人告到倫敦，行文來港調查此事，荷氏早已辭職離港，隱居美國去作鄉下富翁了。

最不受人歡迎的「港督」

在香港過去歷史上，早已有過一個最不受人歡迎的「港督」。這人不是別個，就是繼砵甸乍之後，第二任的「港督」戴衛斯。他本是一個「中國通」，寫過好幾本研究中國的書，自命通曉中國語文風俗人情，並且擔任過英國訪問滿清使節團的譯員。當時滿清官員將他的名字譯作「爹必時」。哪知他來到香港任職以後，處處與中外市民作對，又喜歡訂立新法令，弄得市民要開市民大會，一起罷市來反對他。法院的大法官受到他的誣告，以致被停止職務。後來鬧到英倫，證明戴衛斯誣告法官酗酒，示意他要自動辭職。戴衛斯只好引咎自動辭職，收拾行李悄然離港。

據當時西報的記載，在一八四八年五月三十日，戴衛斯卸任返國時，香港中國商民沒有人放爆竹「歡送」他，外國商民也拒絕到碼頭同他惜別。官員則雖照例送行，駐軍也派出了儀仗隊，可是當戴衛斯走上碼頭的跳板時，官員們所呼的歡送口號，聲音非常不起勁，在場其他的人附和的很少，在旁看熱鬧的居民更沒有一點表示。直到戴衛斯所乘的船隻已經開行了，岸邊的居民忽然起了一陣猛烈的鼓掌聲。據這家西報引用了一句拉丁古文來解釋，這是表示香港居民完成了一項辛苦的工作，終於送走了一個不受大家歡迎的人物。

戴衛斯同當時香港中外商民之間所惹起的最大衝突，乃是他秘密起草法令，宣佈要徵收「人頭稅」，不分中外居民，每人每年要舉行登記一次，而且要納稅若干。英國人認為這種稅收違反本國傳統徵稅的原則，只有義務而沒有權利，召集居民大會來表示反對，並且遞了一封措辭非常嚴厲的呈文，以致戴衛斯老羞成怒，拒絕接受這呈文。英國商民也不示弱，一面向倫敦「告御狀」，一面宣佈若有必要，他們將自香港撤退，寧可以遷到澳門去繼續經商，不願在這裏受氣。

至於中國居民，由於稅律的中文譯錯了，規定每人每年要繳「人頭稅」二元至五元，譯成每月要繳付一次。中國居民大譁，認為是從所未聞的苛稅。據法院檔案的記載，當時香港的中國商民「立時發動了罷市來抗議。於是香港的一切中國商人的業務，工匠，以及中國僱員僕役的工作，全停頓了。他們並準備如果這種新法例一旦付諸實行，他們便撤退離港」。

這一次的罷市風潮，一直繼續了三個月，使得香港百業都遭受停頓，直到戴衛斯同意將這項新稅律暫緩實行，並且由立法局重行修改，風潮才暫告平息。但接着他又同大法官曉吾發生了齟齬，誣告法官酗酒溺職。結果證明自己誣告失實，不得不引咎辭職，悄然離港了事。

香港最早的中國商店罷市

一八五六年十一月二十一日，香港全體中國人開設的商店，由於反對在這年頒佈的所謂華人屋宇及妨害公安條例，一起閉門停業。可說是本港最早的一次大罷市。

由於這一次的罷市：市面貿易立時停頓，秩序大亂。那時港英警察力量比今天更要單薄，在威廉堅率領之下，只有歐籍警官三十三人，華人老更三十九人，主要的力量是靠「大頭綠衣」（即嚤囉差），有一百六十六人。全部合起來也不過二百三十幾人。一旦發生了華人罷市，自然捉襟見肘，要同時維持出巡和站崗，已經無法兼顧，惟有出動英軍，召集當時駐防香港的英軍第五十九團，入駐市區，分別駐紮在當時最繁盛的歌賦街和上環，實行武裝鎮壓。這還不夠，又頒佈特別法令，徵調了四十幾個外國商人為「特務警察」，來幫助維持市面秩序。

這次中國商人突然罷市的原因，是因為所頒佈的這兩項法例，對中國居民的房屋管理，非常苛刻。業主固然不便，住客更不便。還有要居民登記的苛例，更是令居民不滿。然而官方卻執意嚴厲執行，一不遵守就加拘捕，並且加重罰款。當時香港商民，認為香港開埠不過十餘年，在開埠之初，曾明白規定，尊重中國人的生活風俗習慣，一切按照《大清律例》，現在竟突然毀諾，關於居屋的門窗間格一律要按照外國規定辦理，違反中國人自己的生活習慣，因此非常表示不滿，屢次要求改善或是暫緩執行這種苛刻條例，卻不獲答覆。因此當時香港華人團體就在這年十一月二十日下午召集全港華人大會，議決要求當局暫緩執行或者放寬處罰。第二天更實行罷市來支持這要求，於是在英帝侵入香港十餘年之後，就發生了一次華人商店全體大罷市的風波。

當時的總督寶靈不在港，護督就是威廉堅。他大為慌張，連忙「出示安民」，又接納了全體華人居民所提出的改善管理七項意見，這才結束了這一次的罷市風波。

麥當奴的開賭法例

在一百年前，亦即一八六七年的香港，有兩件事可以一提。一是香港為了同清廷廣東海關的關稅糾紛，引起了廣東砲艇封鎖香港。另一件事是：自稱禁賭的香港，這一年在總督麥當奴的設計下，以「助餉」的名義，准許賭商領牌開設賭館。

廣東海關同香港稅款的糾紛，是為了香港號稱無稅的自由港而起，因此廣東海關規定，由香港駛出的中國帆船，凡是駛往非通商口岸的，就一律先要完稅。廣東海關在香港西面出口的急水門，東面出口的東龍洲（即南佛堂），設立了稅關，由砲艇日夜不停的巡查，凡是由香港駛出的中國帆船，都要截留搜查，若是有貨物運往非通商口岸的，就一律要完稅。這舉動當然使得香港的航運受到影響，麥當奴曾一再向清廷抗議。可是由於當時從香港向內地各處的貨物走私非常猖獗，影響了海關的稅收，而封鎖香港港口的計劃，又是在外籍的中國稅務司支持之下執行的，因此麥當奴的抗議，一直不曾生效。

至於這一年的「助餉開賭」之舉，其經過是這樣的：

當時，香港雖名為是禁賭的，可是私賭非常猖獗，而且通過賄賂的關係，獲得包庇，因此根本無法撲滅。麥當奴認為香港的警力不夠，同時警員的待遇不好，易於貪污受賄，可是警費又不充裕，既不能擴充人力，又不能提高待遇，也間接促成了私賭的猖獗。他就以此為「理由」，想出了一個「寓禁於徵」的辦法，想用「公賭」來抵制「私賭」，允許賭商繳納若干牌照費，就可以領牌正式開設賭館。他準備用這一筆賭館牌照費的收入來提高警方人員待遇和擴充警力，並從而撲滅私賭。

這就是麥當奴的「如意算盤」。他於是特別起草了一項法令，名稱很漂亮，稱為「維持社會秩序及風紀條例」（一八六七年第九號法例），其中有一項規定，說總督為了禁絕香港的賭博，可以採取一種控制管理和逐步取締的辦法，於是領牌開設賭館的辦法，就從這裏找到了合法的根據。

這項法例由這年的七月一日開始生效，於是就從這一天起，香港突然出現了十二家領有牌照的賭館，分設在西營盤、上環、荷李活道以至灣仔一帶，清早就開始營業，直到深夜。不過所掛的招牌卻稱為「防務館」，表示這是專查私賭的更練辦事處。

最可笑的就是這些承投公賭的賭商，同時也就是私賭館的老闆。這一來眞是公私兩便，賭風大盛。這種畸形的現象一直繼續了多年，直到一八七二年，由於倫敦的意見，才廢止了這個開賭助餉的條例，於是那些「防務館」只好關門大吉，賭博又化「公」為「私」了。

港英包庇私賭的大賄賂案

港英警察貪污納賄，包庇煙賭，是無人不知、而且在香港歷史上也是「有名」的。由於「狗咬狗骨」，被暴露的最大的一宗，是一八九七年的所謂「包庇私賭賄賂」案，這是由當年一個以賭起家的賭棍岑某所主持的。

當時香港在名義上是禁賭的，但是私賭館在警方的包庇下，公開營業，等於是公賭。經營這種私賭館的頭子就是這個岑某。

這個岑某財勢雄厚，結交官府，勾結了警方和主持牌照事務的總登記官署，自上至下，一律買通，可以為所欲為。他的總機關設在上環華里東街某號，指揮一切，其中設有庫房和複壁。庫房用來庋藏賭徒抵押的金銀珠寶首飾；複壁則用來庋藏賬冊，其中有分派賄款的簿據，某人每月應派若干，都記載分明。根據這冊賄款簿所登記，警方自總警司以下，包括華洋幫辦、英警印警華警，無不有份；管理牌照的登記官署，自首席文案以下，以至信差，無不有份；此外清潔局、滅火局，凡是有權干預他們營業，令他們發生麻煩的，也一律按月有賄款孝敬，因此岑某就耳目靈通，為所欲為。對於有些偶然因分贓不勻，發生內鬨，要「出差」來「冚檔」的，往往人還未曾出發，警方已經另有人先來通知，叫準備一切。有時，為了要在警政紀錄上有所報銷，岑某又與警方合作，事先指定在某街某處佈置好幾家私賭館，通知警方去「冚檔」，做戲咁做，以便報銷。

據舊時報紙的記載，在這樣包庇的情形下，在一八九七年，岑某的勢力最盛時，受警方包庇的私賭館，集中在上環華里東街西街長興街四方街一帶。賭館派有招徠生意的帶街，自黃昏之後，就分佈在大馬口水坑口，上及大笪地荷李活道文武廟一帶，拉攏途人去賭博，將他們領到設有賭館的街口，再另有人領他們到街內開設賭館攤館去賭博。這種情形，在名義上是私賭，事實上比公賭更架勢。因為是有官方包庇，不會受到干預的。當時這種賭館對於來賭的賭客，更給與一種保障，凡是在賭館界內遭警方搜查或是遭劫失去的財物，事後館方一律負責賠償。可見他們所恃的勢力的雄厚，若不是警方發生「窠裏雞」內鬨，有人由於勒詐不遂，親自向當時警察總監軒利梅去告密，這宗警方包庇私賭的大賄賂案，還不致為人所知的。

這一宗港英各有關機構、以警察為主、聯合一起大規模受賄包庇私賭的鉅案，能夠破獲的原因，一說是由於內部分贓不勻，發生衝突，有一個名叫鄭安的就充當線人，親自面向當時警察總監軒利梅告密，他大約對於這事沒有得過什麼好處，就立即從各個不同的警署裏調集了一批警長，由他親自率領，馳往線人所報告的地點（上環華里東街某號）去搜查。這一來才破獲了岑某的這個私賭總機構。

另一說告密的是某律師樓的人物，因為向賭館勒詐不遂，這才親向軒利梅去告密的。

據說，警方包庇岑某的私賭營業，消息靈通，耳目眾多，若是在平時，即使總幫親自出馬去搜查，也會走漏消息的，因為自有高層有份受賄的人物會秘密去通知。可是這一次，事有湊巧，倫敦在舉行什麼慶祝紀念儀式，幾個和岑某有關的高級人物都奉派回國參加典禮，沒有人能及時去通知，這才陰錯陽差的被破獲了。

就是在這個私賭的總機關內，從複壁的夾萬裏搜出了支付賭款的總賬簿、某人在何處任職、職務是什麼，每月應派賄款若干，都一一記載明白。受賄的人除了警署以外，還包括了其他各機關，自最上層的人物以至信差侍役都有份。

此外，還從特設的倉庫裏搜出了大批珠寶首飾等等，這些都是賭徒在各賭館拿來變賣或是賭輸了當作抵押品的。略一辨認，就發現有不少是已經報案的贓物。

這一宗包庇賭案一經揭露，因為牽連太大，影響了官方的名譽，他們就竭力隱蔽真相，化大為小，但是賄款賬簿上記載有據的人物，卻是無論如何也不能洗刷乾淨。結果，警方為了這一宗受賄案，一共革退了十四名英籍幫辦，又革退了三十八名摩囉差，華警和通譯被革退的共有七十多人。

總登記官署方面，因此被革職的有首席文案奧斯孟，以及書記、通譯、侍役等等二十多人。此外清潔局、滅火局、裁判署也革退了不少人。

經過這次破案以後，公務人員受賄包庇私賭的現象，自然暫時不會這麼猖獗，但是沒有多久又變本加厲。因為一方面久已貪污成風，另一方面更是潛勢力很大。不說別的，單是那個告密的線人鄭安，兩個月之後就遭人謀殺，遺屍河中，其他黑暗情形就可想而知了。

草菅人命的港英驗屍官

港英的「醫官剖驗屍體」，「死因法庭研究」，以及驗屍官的報告，全是帝國主義統治者用來掩飾自己殺人罪行的一連串的鬼把戲。多年以前，小販黃水祥被鬼差踢傷，脾部腫脹而死，結果經過所謂醫官的屍體剖驗，以及死因法庭研究，公佈他的死因，竟是死於「脾部腫脹」，是死於疾病，「與人無尤」。

試想，黃水祥若不是被鬼差踢傷，何以脾部會腫脹？又何以會死？驗屍官卻倒因為果，不說他被人踢死，卻說他死於脾部腫脹。即此一例，已經可以明白港英驗屍官所玩弄的是一種什麼鬼把戲。

在早年香港，港英的死因研究法庭和驗屍官，更鬧過一個更荒唐的笑話，那就是將四具屍體當作了五具屍體。明明只有屍體四具，另有一具當時尚未曾發現，這個驗屍官卻簽發了五具屍體的死因公佈，弄得法官、律師和商民都群起指摘，其草菅人命情形，可想而知。

這是一八四六年十月間的事情。在十月二十七日這天，有一個名叫鄧肯的外國商人，說家中遺失了二百元，疑是廚師某甲所偷，認為他可能當晚挾款逃往澳門，要求警方派人會同他到海上截攔船隻搜查。警方答應了，就由鄧肯邀集若干友人，會同警方在海上截查船隻。他們在西環海面見到有一艘中國帆船在前面揚帆疾駛，喝令停止，帆船不聽，繼續加速駛行，鄧肯等人從後面追趕。前面船上的人慌了起來，紛紛棄船跳海。後來從海上捕獲了十三個人，另有若干人已經泅水上岸，但是已經有五個人被溺死。

船上並沒有鄧肯所說的那個廚師，但是警方卻在船上查出有一批武器。警方認為這些人都是「歹徒」，就將他們拘捕控告，可是後來那些已泅水上岸的人來自首，證明他們是一艘合法的商船，船上的人除船員外都是正當乘客，船上的武器乃是防海盜自衛用的。至於他們當時聽到後面有人喝問，就拚命逃走和棄船跳水的原因，據解釋是誤會後面追來的乃是海盜船。所以不得不棄船逃命。這一場烏龍緝盜行為的結果，檢點船上人數，已經有五個人失蹤。

後來在海上撈獲了四具屍體，經認明都是這艘帆船上的，當時的驗屍官是麥克斯威尼，是一個律師，會同死因法庭的陪審員開庭研究死因。由於文件上說船上疑已溺死的人數是五人，雖然事實上僅撈獲四具屍體，這個驗屍官就想當然的填寫已有五具屍體被驗明是溺死的。這個大笑話，鬧出以後，當局只好把他撤職了事。

「護督」害怕魚炮

一八九八年五月，正是港英蓄意進行所謂「展拓界址」的陰謀時，在五月七日香港出版的那份《憲報》上，忽然發表了一項通告，是由當時「護督」威廉·布力克簽署的。「通告」大意如下：

由於以炸藥獵取魚類，是不必要的摧毀手段，同時也違反真正的狩獵精神，因此現任護督威廉·布力克陸軍中將，要求本港居民停止採取這種行為。

當時原任「港督」羅便臣離港，由布力克攝任。發表這項叫人不要使用魚炮的原因，據諾頓凱希在《香港法制法院史》卷下裏說，這個軍人，出於「非常值得嘉獎的精神」，認為用魚炮取魚，有失「狩獵精神」，所以發表了這項通告，要求本港市民不要使用魚炮。

作者接着敘述當時魚炮不僅在香港流行使用，且在馬來亞一帶流行使用的情形道：

採用炸藥來摧毀魚類的方法，是在亞洲人之中非常流行的，同時歐洲人使用這方法的，也很為普遍。舉例說，在馬來半島一帶，這是一件眾人週知的事情，每逢有尊貴的賓客經過土王統治各邦時，土王總要採用一項歡娛嘉賓的方法，那就是用魚炮取魚。這乃是在固定範圍內，可以親眼目睹的，人類用自己的手來摧毀海中一切生物的一種方法，這確是一項輝煌的壯觀。由於這種猛烈的方法在這一帶也流行甚廣，因此「護督」以非常值得嘉讚的精神，以一個真正運動家的立場，在五月七日的政府憲報上發表了一項通告，要求居民停止採用這種方法……

不過，作者又聲明了一句，這個任「護督」的將軍，雖然運用《憲報》叫人不要使用魚炮，但是在當時施行的香港法例中，並沒有管理捕魚的法例。

後來，到了一九零一年，有「火藥爆竹」條例公佈，到一九三一年又有「修正火藥及爆竹條例」公佈，雖然還沒有單獨的管制用魚炮捕魚的法例，但是用炸藥製造的魚炮，成為危險品，已經包括在上述的這些條例之內了。

這位「護督」，雖是軍人，卻這麼講「狩獵運動精神」，反對用魚炮炸魚。他若是知道現在竟有人用魚炮來炸豬炸狗，更不知道要作若何感想了。

海陸軍人鬥大班

香港有一間被人稱為「新公司」的俱樂部。這是香港歷史最久，同時也是最頑固的一間俱樂部。它當然是英國佬組織的。這不僅不接納中國人為會員，就是英國人自己，在申請加入為會員時，也往往被否決，摒諸門外。

據香港一百多年前的外國報紙記載：在一八五九年到一八六零年之間，這家俱樂部的一般會員，發現他們俱樂部的行政上有一點古怪的現象，那就是他們的會章本來是規定可以容納英國海陸軍人為會員的，可是這時發現每逢有英國軍人申請入會為新會員時，在執行委員的審查會議投票表決時，總是被否決。

起初，會員們還不大注意這件事情，後來發現凡是英國軍人申請為新會員者，沒有一個被通過，這才看出情形有點不尋常。於是有人開始打聽，可是這家俱樂部高層人員，都是「大班」，他們一律守口如瓶，不肯透漏消息。

這種俱樂部，本來有一項傳統規定，凡是正式會員，在會所內飲酒用餐，照例總是簽字記賬的。這時忽然宣佈通過了一項新規定：凡是海軍籍的會員，在會所內飲酒進餐，一律要付現款，不得記賬。

大班和大班之間自然也有利害矛盾，於是有一個大班就示意他所經營的一家報紙，透漏這事的起因，是由於海軍人員往來調動不定，他們離港時往往不付清賬款就「鬆人」，使得俱樂部蒙受不少「呆賬」損失，因此取消海軍會員可以記賬的權利。同時，這家報紙又透露，近年該會杯葛軍人會員，也是為了這個緣故。

這一來，駐紮香港的那些英國海陸軍人，認為被大班們剃了眼眉，自然大為憤慨。首先是海軍軍官（水兵是根本沒有資格為會員的），他們全副武裝，由長官率領，列隊到俱樂部質問，要求宣佈欠款潛逃的海軍會員是誰。俱樂部的大班們自然也不肯示弱，說他們有權保守自己的秘密，拒絕宣佈。海軍表示如果俱樂部說出海軍欠款人的姓名和欠款數目，他們願意照付，可是俱樂部仍是拒絕。這一來，海軍官員自然光火了，他們就當場宣佈全體退出該俱樂部。

接着，陸軍也來支持海軍，要俱樂部答應海軍的要求。大班們仍加以拒絕，於是陸軍會員也全體退會。

這場風波，一直鬧到一八六零年的聖誕節，由總督羅便臣出面調解，要求大家看在「神」的份上，在「平安夜」握手和解，這才暫時平息。

吵得一團糟的早年港英文武

早年香港的海陸軍人，不僅為了喝酒賴賬的問題，同大班們發生衝突，還為了嫖妓的問題，同警察大打出手。本來，海軍是經常同陸軍爭風吃醋的，但是為了警察想撈油水，到了晚上就在妓館附近出現，礙手礙腳，於是海陸軍人就聯手對付警察，自己放步哨，不許警察進入妓館附近地帶。總之是為了吃喝嫖賭，早年本港的海陸軍人和警察，不僅鬧得一塌糊塗，而且無法無天。

這是一百年前的香港情形，那時以擺花街為中心，附近的荷李活道、閣麟街、依利近街一帶，都是妓館、酒吧、鹹水妹集中營業的地點。一到傍晚五時，他們就華燈高張，開門接客，水手和啤酒兵就接踵而至。據說，最初是海軍和陸軍互相劃定勢力範圍，各不侵犯，但是警察卻趁機索賄，到處出現。起初是三角衝突，接着是海陸軍聯手來對付警察。

據約翰 魯夫在他的《香港的故事》裏說：

不論是海軍和陸軍，他們都不喜歡在這類地方見到警察，也不喜歡有別人來到此地。因此為了明白表示他們的願望，不免做出一些動作，如敲碎酒樽之類。

開始不過是舉動粗魯，不久就變化成了內戰，結果是等不到五點鐘，兵士們就空群而出，擁上皇后道，各自佔領自己的勢力範圍地點。有的更擔任保衛他們「領土」的任務。

總之是，將情形鬧得一團糟。

當局為了應付海陸軍人與警察的衝突，不得不出動由外國商人志願組織的團隊來巡邏。

據說，就這樣，在一八六四年九月十四日的晚上，有一隊這樣的團隊，由上環向東巡邏，一直來到當時設立在雲咸街口的香港俱樂部（俗稱「新公司」）。這些志願團隊的隊員，有不少都是俱樂部的會員，他們都是「老爺兵」，走得有點累了，就提議進去休息一下，喝一杯酒，並且邀請非會員的同僚一起進去喝酒。

本來，按照會章，只要有會員邀請，非會員自然也可以進去喝酒的。不知怎樣，這天晚上，在會所裏的那些大班會員，見到這些穿軍裝的會員在巡邏途中進來喝酒，已經不高興，現在見到他們又帶了非會員進來喝酒，更加不高興，就噓聲四起，將那些非會員「噓」走了。

這一來，這些本來負責巡邏維持秩序的志願團隊，就在會所裏同那些大班衝突了起來，反而要勞別人來向他們維持秩序了。

早年的香港，到這個地方來發「洋財」的這些家伙，由於道德低落，不論文武，就經常這麼吵得一團糟。

魯迅先生筆下的香港差人

魯迅先生在他的那篇〈再談香港〉裏，曾將他當時路過香港，所接觸到的白皮番狗和黃皮番狗，留下了它們嘴臉的畫像。他指出，香港這座小島，它的「小照」該是：「中央幾位洋主子，手下是若干頌德的『高等華人』和一夥作倀的奴氣同胞。」

魯迅先生所擬的這樣一幅「小照」，可說至今仍不失其「新聞」價值。因為不久以前，在新界粉嶺「茶敍」的那一張，簡直就同魯迅先生筆下所說的情形一模一樣。

至於當時的差人，他們狐假虎威，向過路的客商騷擾勒索，敲詐恐嚇的嘴臉，在他的筆下更是無所遁形。

這是他在一九二七年九月二十八日第三次路過這個他認為是「畏塗」的香港所得的經驗。事前，他已經從別人的通信中，「見過英國僱用的中國同胞上船『查關』的威武，非罵則打，或者要幾塊錢。」他這次帶了許多箱書，被這些人翻箱倒篋起來當然很麻煩，但他為了要「看看掛英旗的同胞的手腕，自然也可以說是一種經歷」，因此決定酌量情形，先不給錢，看他們怎麼辦。

於是：船第一天泊岸，當日無事，第二天午後，就有船上的茶房來通知他：「查關！開箱子去！」

魯迅先生是有十箱書放在統艙裏的，他聽到了茶房的通知：「我拿了鑰匙，走進統艙，果然看見兩位穿深綠色制服的英屬同胞，手執鐵簽，在箱堆站着。我告訴他這裏面是舊書，他似乎不懂，嘴裏只有三個字：『打開來！』」

魯迅先生當然將這隻書箱打開了。「他只是將箱子的內容倒出，翻攪一通，倘是一個紙包，便將包紙撕破，於是一箱書籍，經他攪鬆之後，便高出箱面有六七寸了。」

經過第一次搗亂之後，「查關」的差人又要看第二箱了，這時魯迅先生就改變了戰略：低聲向這人問：「可以不看麼？」

「給我十塊錢。」這人也低聲回答。他適才好像表示聽不懂魯迅先生的話，一提到錢，他卻聽得懂了。

於是魯迅先生還價「兩塊」，他不肯，繼續開箱，可是雙方同時也在討價還價，魯迅先生從「兩塊」增加到五元，對方則減到七元，不肯再減，情形又膠着起來了。

港英「查關」的差人，向魯迅先生索賄賂，雖然已經由十元減到七元，但是由於：「箱子已經開了一半了，索性由他看去罷，我想着，便停止了商議……」

結果，兩個查關的差人，由失望到厭倦，開了十箱之中的八箱，就不再感到興趣的走開了。

哪知魯迅先生正在蹲下去收拾書箱之際，船上的茶房又在艙口大聲叫他了：

「你的房裏查關，開箱子去！」

魯迅先生回到房艙裏，果然早已有兩個差人等在房裏，舖蓋已經被掀得稀亂：

他一進房，他們便搜他身上的皮夾，然後就是開提包，看提籃，要用鐵籤作勢毀壞衣箱上面的鉸鏈，然後是「圖窮匕見」，又開口索賄了：「『你給我們十塊錢，我們不搜查你了，』一個同胞一面搜衣箱，一面說。」

魯迅先生惡作劇，「抓起手巾包裹的散角子來，要交給他，但他不接受，回過頭去再查爾。」

這一來，他們更有意同魯迅先生過不去了：「那時還不過搗亂，這回卻變了毀壞。他先將魚肝油的紙匣撕碎，擲在地板上，還用鐵籤在蔣徑三君送我的裝着含有荔枝香味的茶葉的瓶上鑽了一個洞。一面鑽，一面四顧，在桌上見了一把小刀……」

「這是兇器，你犯罪的」，這人竟這麼來恐嚇。魯迅先生不受恐嚇，他又繼續搗亂，在鹽煮花生的紙包上也用指頭挖一個洞，又說蚊香有點古怪，接着又要打開一隻收藏文稿資料的箱子。這一回，魯迅先生覺得：「倘一毀壞或攪亂，那損失可太大了，而同胞這時忽又去看了一回手巾包，我於是大悟……」

於是魯迅先生就將一包整封的十元毫銀拿起來向他示意。這人先回頭向門外望了一望，然後伸手接了過去，在箱上畫了個查訖的記號，但是卻不將錢拿走，只是塞在枕頭底下，自己先走出去了。

但他後來自然仍是再來拿去了。魯迅先生對於這樣古怪的行動，曾經代為解釋道：

> 我坐在煙塵陡亂、亂七八糟的小房裏，悟出我的兩位同胞開手的搗亂，倒並不是惡意。即使議價，也須在小小亂七八糟之後，這是所以「掩人耳目」的，猶言如此凌亂，可見已經檢查過。王獨清先生不云乎？同胞之外，是還有一位高鼻子、白皮膚的主人翁的……然而也許倒要怪我自己不肯拿出鈔票去，只給銀角子。銀角子放在制服的口袋裏，沉墊墊地，確是易為主人翁所發現的，所以只得暫且放在枕頭下。我想，他大概須待公事辦畢，這才再來收賬罷。

恐嚇、狡猾、無賴、貪污，港英當年這些差人的嘴臉，在魯迅先生的筆下，簡直無所遁形了。

英人在廣東欠下的血債

查閱中英交涉的舊史料、即在鴉片戰爭前，英國人在廣東方面因為行為兇暴而欠下我們的血債，已經指不勝屈。現搜集有案可稽者，彙錄於後：

遠在滿清康熙二十八年，即公元一六八九年，有一艘隸屬於東印度公司的英國船「防衛」號（Defence，滿清官書譯作「狄番斯」號），第一次來到廣東，進泊黃埔，請求開艙貿易。滿清稅關監督依照一向施行的番船進口徵稅方法，度量船身大小深淺，按例收稅，英船不服從，雙方發生爭執，「防衛」號的水手打死了一個中國人。中國人大憤，水陸聚眾圍攻。「防衛」號的船主害怕，願意繳付罰款二千兩，滿清官員拒絕，一定要交出兇手。「防衛」號竟拔錨突圍逃走。

這是有記載的英國商船在廣東境內所欠下的第一宗血債。

滿清乾隆三十七年，即公元一七七二年，英船「康姆丹爵士」號的水手，在廣州上岸與市民發生毆鬥，使一名市民受到重傷。據外國資料記載，這是一七七二年十二月十七日發生的事，「康姆丹爵士」號即被扣留，不許出口，諭令要交出行兇的犯人。後來受傷者傷勢漸愈，這才由經理外商貿易的「公司館」，代為具保放行。

到了第二年，一七七三年，即滿清乾隆三十八年，有一名叫施各德的英國人，在澳門謀殺了一個中國人。駐澳門的同知諭令澳葡逮捕兇手，舉行審問，施各德狡賴。因為沒有證人，澳葡要將施各德釋放，駐澳門的香山縣同知不許，一定責成葡萄牙人要將兇手交出來，否則就封鎖澳門，停止通商貿易。葡萄牙人不敢再袒護施各德，只好交出來。香山縣就將施各德依律正法抵命。

到了滿清乾隆四十九年，即公元一七八四年，有一艘英國商船「休士夫人」號，泊在廣州。船上施放禮砲，竟打傷中國舟子三人，第二天更有一人不治身死。

當時所有英國商船，都是由東印度公司駐廣州的代理人管轄的，滿清官員偕同代理外商貿易的買辦到船公司索兇，公司代理人推託，說要同「休士夫人」號的負責人史密斯接洽後才可以答覆。官方就下令監視「休士夫人」不許開行，待其回覆。後來史密斯表示只肯在船公司接受質詢此事，不肯到公堂受審。官方就在半夜設計誘史密斯上岸，將他拘捕，送入城內受審。

據當時外人所編的《華英通商事略》所載：

> ……乃誘四美入城後（「四美」即史密斯，是「休斯夫人」號的貨長），街道封閘，禁往來。西商聞之，咸集，思華官之待西人也虐，遽以小艇載兵械，遊弋自衛，而遍愬各船，華官諭之曰：「爾毋畏，事白即釋若貨長。」遣兵阻截小艇，小艇遵軍令，不反一礮。乃陳師於西人旅廨前，致書云：「如爾船開礮，即剪滅爾眾無噍類。」既夕，召西人入見，乃咸至署。旋遣通事至公局，持四美書達船主，令遣舉礮者來。越日，馳書至黃埔，舉礮之吏至，年已老，公局與眾商咸白其無罪，遣之詣城，華官猶以善辭遣使

者。頃四美歸公局，言華官待之如禮……

但是，經過滿清官方的審問，這個「舉礮吏」承認過失殺人屬實，官方就依律將他絞死。

這樣，到嘉慶五年，即公元一八零零年，又有一艘英國兵船「樸維頓」號在黃埔港停泊時，開槍行兇傷人。起因是有一隻中國小船在夜間從那裏經過，「樸維頓」號認為是「賊船」，不問情由就亂開槍，結果打傷一人，又將小船扣留，並且將另一人推落水。

許地山先生從英國鈔回來的有關中英關係的舊檔案中載有此案的文件，見他所編的《達衷集》。以下是粵海關監督諭洋商飭令大班交兇的文書：

嘉慶五年正月二十四日，據番禺縣稟稱：嘉慶五年正月二十四日據卑縣民人許彩延稟稿，竊蟻撐駕泥船，與人載物過活。本月十七日，由鄉赴省，四更時候，船至四沙海面，經過紅手「核治骨」船（按「核治骨」號為東印度公司的商船，與「樸維頓」號泊在一起，當時開槍的實是「樸維頓」號船員），遇着頂風，不能急過。該夷人疑是賊船，並無吆喝，即放鳥槍，鉛子打傷工伴蔣亞有，蟻即喊叫，夷人將船帶回「核治骨」船。有搭船劉亞實，心忙過船，身跌下水，即尋不見。十八日晚，夷人又將蔣亞有交蟻，並有夷字一張，着蟻持往紅毛「核治骨」船取藥，調治未痊。同有搭船之劉亞實，身跌下海，找尋無蹤，生死未卜，叩乞驗究等情，連鉛子夷字呈繳。並據劉亞實之兄劉亞儉等稟同由，各到縣。據此，經將蔣亞有傷痕驗明，彈子夷字貯庫。訊據各供，劉亞實係被夷人拉扯過船，掙跌入水，並搬去船上紅薯二籮等情……理合稟請查核，俯賜飭令洋商並該船大班查明下手放槍，並拉跌劉亞實下水夷犯，連紅薯飭發下縣，俾得審訊，具交通報，實為公便……

粵海關監督責成當時廣州洋行買辦潘致祥等人，要東印度公司駐廣州的負責人，交出「核治骨」號開槍傷人的兇手後，駐廣州的東印度公司「大班」未吉哈，即玩弄推託拖延手段，經由洋行買辦遞稟給兩廣總督，說英船開槍傷人事件，已查明是「仗船」（即兵船）所為，並非「核治骨」號。他說他的公司只管理商船貿易，無權管理「仗船」，已為此事報告與「船官」云云。

當時兩廣總督是滿人覺羅吉慶，他認為這是該大班「飾辭諉卸，希欲置身事外」，十分生氣，就會同巡撫陸有仁關監督佶山，再傳諭洋行買辦潘致祥，責成他一定要夷船交兇。

當時廣東對外貿易制度，是一切貿易銀錢往來和公文法令的傳遞等等，都是由洋行買辦出面居中代為辦理，外國商人不能直接同中國商民交易，更不能直接與官方有任何文書往來，一切都要由洋行買辦經手。就是納稅付賬以及外商在中國居留期間的行為約束等等，一律也由買辦擔保負責。所以鬧出了事情，就唯買辦是問。這就是當時官廳文書以及外商稟帖都要經由洋行買辦轉交的原因。

兩廣總督會同巡撫關監督給買辦潘致祥英船擔保商人劉德章的公文，是這樣的：

……現據英吉利國公司大班未吉哈（現譯該作「理查・哈爾」）等稟稱，「前七天行商帶來一諭與我們，經即將諭帖付往仗船船官的力士。如今我們稟知大人知道，今的力士到省，受了我們的信。我們等班，係在這裏辦公司的事情，的力士係本國王官府，他不許我們辦本國王的事情。但的力士告訴大人，或差一官，會他面訴，或面見大人。因仗船上遇着此事。我們向來知道大人管治有道，為外國人有好心，必定要分別公司事、國王事。我們再多謝大人的愛心厚德」等情，到本部堂、部院、關部。

據此，查夷人來粵貿易，未諳中華法度，原藉該公司大班以資約束，即該國兵船到粵，亦為護送公司貨船而來，故平時請批照探辦糧食，均該大班出名具稟。本部堂部院關部，亦念該大班為外夷曉事知禮之人，是以深信，准其買辦接濟。若非因該大班在天朝貿易多年，則該國兵船，豈容其逗留。今該兵船夷犯，黑夜疑賊，並不詳查，擅敢施放鳥槍，致傷內地民人，自當恪遵天朝法律，即行投到，聽候秉公審明，斟酌核辦。乃復具稟飾辭諉卸，希欲置身事外，殊非本部堂、部院、關部平日優待該大班之意。

兩廣總督吉慶等人給行商的這道諭飭，是在二月初八日（西曆三月三日）發出的，目的是叫行商轉飭船公司大班交出放槍傷人的疑犯。這樣到了西曆三月十二日，船公司大班未吉哈就陪同他所說的那個「船官」的力士（即開槍的英國兵船「樸維頓」號的艦長），進入廣州城，聽候質詢。由按察使廣州府會同番禺縣共同審問。的力士帶來的船上證人，力證曾經有人趁黑夜偷割船纜，所以他們放槍自衛，並非有意傷人。訊問未得結果。

這樣，過了十多天，受了槍傷的蔣亞有已經痊愈，失蹤的劉亞實家人受了洋行買辦的好處，報稱劉亞實當時是自行失足落水的，不願追究，於是就由兩廣總督經由行商頒發了一百份大清律例有關毆鬥放鳥槍傷人的律令摘要給的力士，叫他參閱遵守，以後不許任意放槍傷人，此案就這麼不了了之。

這次血案，事實上是滿清官方受了洋行買辦的重大賄賂，不再追究，因此英國水兵雖然開槍傷人，但是由於其人傷勢已愈，就放棄追究責任，不再像乾隆年間那樣，一定要「夷犯」服刑了。

這種轉變，正是英帝國主義者的殖民勢力在廣東逐漸囂張的開始。這樣過了幾年，又發生了一宗英國水手在廣州殺人的血案。但是昏庸的滿清官吏，在「威嚇利誘」之下，竟判以輕微罰款了事。從此英國商人在廣東境內就愈加跋扈猖獗，情形就愈加不堪過問了。

這一宗竟被用賄賂來了結的英國水手殺人血案，發生在嘉慶十二年一月十八日，即公元一八零七年二月二十四日，有一艘停泊在廣州的英國商船「奈敦」號，船上水手上岸喝酒，酒醉了與中國市民發生衝突，互相毆鬥，英船水手打不過。避入船公司內，閉門請援，市民將船公司包圍。英船水手獲得援助後，就奪門逃走，沿途打死一個中國人，又打傷多人。

由於起因是「互毆」，雙方就先行各自偵查肇事人犯，不得要領，滿清官方以英人殺傷中國市民是事實，就由南海縣下令先將洋商廣利行的東主盧觀恒拘押，因為他乃是「奈敦」號的擔保人。同時粵海關也扣留「奈敦」號的驗關牌照，不許出口，要他交出行兇傷人的兇犯。這時英國船公司竟提出一項要求，只肯答應在船公司由滿清官員會同船公司主管人共同審問，不肯將犯人交給中國官廳由中國官員在城內單獨審問。

英船「奈敦」號水手殺人案，雖然由粵海關下令停止英船出口，並且拘押英船保商盧觀恒，勒令船公司交出殺人兇手。可是船公司表示拒絕交兇，只肯答應由船公司會同中國官廳審訊嫌疑犯人，並且不肯到中國衙門去受審，只肯假座船公司舉行。這簡直就是後來的「會審公堂」，公然要求要在廣東境內享有「治外法權」了。

令人吃驚的是，當時廣州的滿清官員竟放棄了一向堅持執行「天朝法度」的強硬主張，居然答應到東印度公司的廣州分公司，同英國人並坐一起來會審。此例一開，以後的情形就不堪過問了。

當時廣州知府和澳門同知會同英國船主和公司大班，在「公班衙」（即東印度公司駐廣州的分公司。「公班」即「Company」的譯音，尊稱為「衙」，可知當時已經氣餒迫人了）審問了三天，竟問不出殺人兇手是誰，只知道有一個名叫「愛德華伸」的水手是主犯，於是就判處輕微的罰款，罰了十二兩四錢二分銀子了事。

當然，這樣的結果是有「內幕」的，那就是這時廣州十三行洋商的財勢已經能左右滿清官員，負責擔保英船「奈敦」號的廣利行東主盧觀恒，使用了大量賄賂，上下買通，因此一個殺了中國人的夷犯，竟能以十二兩四錢二分的輕微罰款了結。

《中西通商原始記》記載這件案子的經過道：

嘉慶丁卯（十二年），英師船「奈敦」至粵，舟人登岸沽酒，既醉，與華之游民鬥，乃於公司暫避，匿空室中。無賴之徒踵至，以石擊門，見西人過，飛石如雨，粵商出勸弗聽。舟中水手，忽吼怒奪門而出，華民辟易，其一人重傷而斃。華官令閉市，諭保此船之土商，令此船交出兇手、迄不獲。又以前入城就訊之不公也，抗不赴質。故華官後又至公司，與公局長及水師弁羅勒思同鞫，鞫時見十一人特悍，於眾究未知兇手為誰。華官必欲指一人以償命，乃以一人名伸者，幽於公局。公局長始思以金贖罪，既而公局長離粵時，欲攜之歸，華官弗許。羅勒思告公局曰：若不許，我將強致之。華官不得已，上爰書於朝，吏議罰銀十二兩，宥其罪，釋之。

英人由是漸跋扈，實萌孽於是時，履霜堅冰，可不謹哉！

這裏要說明的是，《中西通商原始記》乃是當時外國人出版的中文出版物，所以口吻是這樣。事實上，罰款了案，並不是中國官方的主動，而是洋行買辦盧觀恒用金錢賄賂的結果。

到了嘉慶十四年（公元一八一零年），英國水手在廣州又犯下了血案，殺死了一個名叫黃亞勝的中國人。這是這年十二月十二日的事情，黃亞勝在廣州十三行附近，被英國船「夏羅德」號上的水手殺死。可是這一次交涉起來，駐廣州的英國船公司大班卻要起另一套手段。他不交兇，也不要求「會審」，卻說當時在廣州的外國商船很多，根本否認行兇的是英國人。雖然有人指證，他也不肯承認。這一來公文往來，將這件血案拖延了兩年多！查來查去，查不出一個結果，結局仍只是一個「查」字，不了了之。血債又被抵賴了一宗。

當黃亞勝被殺時，證人認定行兇的是英國「夏羅德」號上的水手，因此南海縣就按例諭令行商轉飭船公司大班交兇，可是大班否認兇手是英國水手。因此粵海關就拒發出口牌照，將英船扣留。按《達衷集》所載，嘉慶十五年正月初五日，粵海關關監督常顯，就諭令十三行買辦盧觀恒伍敦元兩家，要他們催促英國船公司大班交出兇手。原諭如下：

（銜略）照得英吉利國兇夷戳傷民人黃亞勝身死一案，先據廣州府具稟前由，當經飭諭該商等轉飭該國大班交出兇手，以憑發訊在案。茲准督部堂百咨開：前准貴監督咨會前由，當將轉飭虎門等營汛員弁兵役，嚴查出口夷船，無紅牌照驗者，即行截留，以憑根究緣由，移覆在案。惟查外夷毆斃民人，不但定例森嚴，亦且於天朝體制功令均有關係，必應據實具奏懲究。該洋商輒以該大班一面之辭，矇混搪覆。本部堂現在傳到該商等嚴諭，責令向該大班交出兇夷，如敢稍有矇袒，以致兇夷漏網，在該商固應一體嚴辦，而本部堂與貴監督亦恐上干聖詰也。相應再行咨會，希即嚴飭該大班勒令查明，將兇夷交出究抵，幸切幸切等因，到本關部，准此，合再行催諭。諭到，該商等遵照，迅即緝飭該國大班查明，交出兇夷，以憑究抵，如敢稍有矇袒，以致兇夷漏網，定將該商等一體嚴辦。事關外夷毆斃民人，毋任免脫，致干株累。速速，特諭。

洋商買辦接到粵海關的這道催促交兇的文書後，自然轉給船公司大班，於是「夏羅德」號的船主就通過行商的手，遞稟給兩廣總督巡撫等有關衙門，聲明查不出證據是他的船上水手所殺，要求發給出口紅牌，以免阻礙該船歸國的航期，這簡直是反過來責備廣州官廳了。

據《達衷集》所載，船主亞士但向廣州辯白的稟帖，中文譯文顯然是洋行所僱用的「師爺」的手筆，文句上下牽連，辭意卻在可解不可解之間，難怪廣州巡撫加以駁斥時，要說原稟「語無倫次，且多晦澀難解之處」了。

亞士但的原稟如下：

具稟英吉利國王的船主亞士但，稟撫院大人：稟為民人黃亞勝被人戮傷一事。因夷等已查明該事，且不見實據，黃亞勝以本處人被戮傷，並若死者真被夷人戮，人證方亞科周亞德實不知犯罪者，或係米利堅國夷人，或係英吉利國夷人。而現發現紅牌，與米利堅國船但給之，與本國船則未有。夷為不得久過奈，如此不公便辦，阻隔貨船，在此無事，使費太多。是以列位班商定奪將貨船於本月四日揚帆出口。如此身敬報大人知，亦稟報各憲大人知悉，斷不隨意，夷等辦事，如似表不遵制憲飭諭之心，且止是不合理辦法，能使夷等為不順，然就是因不合理壞事辦法，以不遵為公道矣。謹此稟赴撫院大人臺前察奪施行。

廣州巡撫等衙門，對於亞士但的這個紅稟，雖然加以駁斥，但在諭飭下屬勒令英吉利夷人交兇時，竟也採用疑問的口氣，附了一句要他們「確審黃亞勝究被何國夷人戮斃」，彷彿對自己屬下過去的報告，也懷疑起來了。

這以下是廣州巡撫札諭南海縣繼續緝拏本案兇犯的原文的一部分。

該縣已傳到見證方亞科，訊據供稱，黃亞勝略知夷語，有紅毛國人約黃亞勝帶往各處頑耍，因黃亞勝誆騙銀兩，致被夷人戮傷身死。復傳到周亞德，訊與方亞科所供無異。並准督部堂粵海關咨會，將該國貨船暫停放關，俟交出兇夷，再令回國各等因在案。

……現據英吉利國夷商亞士但遞具夷稟，並譯紅稟，同送前來。查閱紅稟，語無倫次，且多晦澀難解之處。其意似因指兇尚無確證，一時未能交出，且恐誤歸期，是以情急具稟……

這一來，巡撫就立時改了口氣，在札諭上說：

黃亞勝被紅毛夷人戳傷身死，既有行店可憑，又有服色可認，似已確鑿，惟……黃亞勝被傷之後，曾否將兇夷名姓向方亞科等告知，該縣並未切實根究，且彼時同行究有幾人，即方亞科供開之陳亞茂等，俱未獲案訊供，亦尚不足以定讞……

官方既然有了這樣的口吻，洋商自然更振振有辭了。

接着，粵海關經由洋商買辦交給大班的飭諭，口吻也不似過去那麼嚴峻，曉諭他們務必要交出兇夷，但是保證在訊問之後，未定讞之前，不必關在中國監獄內，可以交給英人領回看管，這樣就可以發紅牌開關。同時暗示這樣的案子，主犯決不會定罪。口氣與以前不大相同。顯然已經受到了上司的指示，改用綏撫的手段了。

英國人自然不會放過這樣的好機會，於是英船公司大班就通過行商向兩廣總督遞紅稟，申訴自己的苦處，說兇夷遍查不獲，也不知是否是英吉利人，如此曠日持久，實為不便，懇請先行將英國商船放行，俟他們回國後稟知國王詳細查究。

這裏面，又露出要求享受「治外法權」的優越了。

英船大班剌佛這次遞呈給兩廣總督百齡的紅稟很長，文字也通順多了。以下是摘自《達衷集》所載原文的一部分。

夷等前奉南海縣太爺諭飭，內據地保稟報上年十二月十二日夜，承遠街有工人黃亞勝被人戳傷身死，拘獲方亞科、周亞德供稱，係黃亞勝等誆騙夷人銀兩，被戳身死等供，諭飭夷等交出兇夷辦理。夷等遵即遍查本國夷人，均稱並不知情。經挽各商代為稟明後，本年正月初七日奉到關部大人鈞諭，飭令夷等將兇犯送縣，認明供訊，仍交夷等領回收管，便可及早放關回國，將來秉公定案具奏，該兇夷亦斷不致罹死罪。此是大人格外恩恤，夷等無不感激。……奈遍查無蹤，莫可如何。

後奉廣州將大老爺，南海縣太爺，親到夷館帶出方亞科、周亞德審訊，據供實係黃亞勝起意商同陳亞茂等八人搶奪夷人銀兩，夷人不依，黃亞勝與夷人扭抵，被戳身死等語。隨訊以夷人姓名，不能說出，又不能認識夷人面貌。且本國夷人在中華貿易，人數眾多，夷等止係管理貿易事物之人，並非本國夷官可比，不能逐一加以刑法審問，實在無從查交。

剌佛就利用這些有利自己的形勢，故意恭維百齡，向他提出要求了。他說：

夷等向沐大皇帝恩德，又蒙大人懷柔大德，恤念十餘萬里重洋遠涉，風汛不能久遲，懇將夷等祖家各船，給發紅牌，准放出口，夷等即將此案情由，詳細寄信，稟知本國國王，將各船人等嚴審，如有此等兇夷，即當照例治罪交出。或俟拏獲陳亞茂等，問出兇夷姓名住址，即將姓名寄稟本國王，亦當照例治罪交出，如此則兇夷不能逃免，夷等各船又得及早回帆，不致延誤，務求大人格外施恩，允准所請……

昏庸的兩廣總督百齡，竟接納了英國船公司大班剌佛這樣的建議：開關准放英國商船出口，兇手待查出後，若真是英國人，一定「稟寄本國王照例治罪」。在這年的正月二十六日（嘉慶十五年），就正式諭令粵海關頒發紅牌放英國商船出口，於是殺人兇手就平安無事的溜回國去了。

這時，南海縣仍在繼續偵查這件兇案，他們捉到了在逃的同死者黃亞勝在一起的那個陳亞茂，問出了當時行兇的三個英國水手，名叫晏多尼（安東尼）、委林（威廉）、百力剌（原文不詳），當下就行文給行商，叫他們轉告剌佛，要他查明交出這三個人，因為他曾在紅稟上答應：

……或俟拏獲陳亞茂等，問出兇夷姓名住址，即將姓名寄稟本國王，亦當照例治罪交出。

不料行商將南海縣的飭諭交給剌佛後，他竟又有了新的推諉，說這三個名字乃是普通外國人的名字，不能一定認為就是英國人。《達衷集》中抄有一封剌佛為此事答覆行商的信，中文不很通順，勉強可以看出他的大意。原信云：

逕達者，弟等接仁兄於本月初四日由省府來之信一封，內包南海縣太爺之鈞諭，再發起來而諭民人黃亞勝被戮身死一事。

照得女事之後謹（當是「僅」的別字）四月，差役拏到了犯證陳亞茂，被供黃亞勝被紅毛鬼子晏多尼、委林、百力剌戮傷身死。故此囑弟等將本案兇夷委林等人送出交省，並查兇夷實係何船夷人、何行認保等語。弟不知何緣，如此飭諭，想南海縣主及各憲非已忌如何公司在省時，有無公道停大公班衙船之後，大人以弟應寄札與本國以便查明，如實船內有兇手，即照例究辦，即准船開行出口……如何船去了後二個半月，着弟交出兇手乎？此無一毫形為公便矣。

……至所寫出之夷人名，因漢字音韻與祖家的言語不同，名字未得十分明白，見得不過是名，非是姓。又各船不論是米利堅國船，不論係英吉利國船，卻有這些名字，若未有姓，何以查得。故此弟以為陳亞茂所供，不得認兇手實係本國人。陳亞茂所供，不足為無疑之憑據……專此走達，順候總願仁兄常好矣。

黃亞勝被英船水手戮傷身死一案，這時官方雖然查出兇手的名字，要英國船公司大班交兇，可是大班推說廣州官方所指出的三個人，有名無姓，不能一定證明就是他們的水手，而且原船又早已離開廣東了，根本無從查起。這都是那些滿洲官員昏庸誤事，「一念之差」，誤信夷人會真誠的遵守「天朝法度」，放走了英船，這時乾急也沒有用，只好又拖了下來。這一拖就拖到下一季的貿易季節，即嘉慶十五年十一月間，英船再駛抵廣州，南海縣又舊事重提，再傳諭行商轉達大班剌佛，限期交兇。原諭云：

現奉臬憲札開：嘉慶十五年十一月初一日（公元一八一一年十一月二十七日），奉兩廣總督部堂百，廣東巡撫部院韓憲札，案據該司轉據署南海縣知縣劉具稟，該縣民人黃亞勝被兇夷委林傷斃一案……該縣何得率聽洋商及大班剌佛諉卸之辭，率請照會該國王查緝解究？且夷鼠來粵貿易，大班剌佛是其專管，又有洋商為之保結，責有攸歸，乃不從此跟拘，轉欲恃重洋一紙，為之偵捕。不特本部堂院向無照會彼國緝犯之例，即使行文該國王，仍以查轄無獲含糊具覆，豈能以一奏完結乎？

此案兇夷刀斃內地人民，情罪尤重。既未能即時捕獲，追究出兇夷的實姓名，又不責成保商大班交出，據情照會該國王查緝，成何事體？除稟批發外，合飭嚴拘審辦，備札仰司飭縣立即勒令保商，嚴諭該大班剌佛，限十日內務將兇夷委林等交出，傳同陳亞茂等，究明起釁致傷身死實情，照例擬解，以憑轉請覆審會奏。倘保商及該國大班徇庇兇夷，逾限不交，即當治以藏匿罪人之罪，並將該縣立揭請參，斷不能再事寬容……

南海縣所引述的上司公文，雖然這麼嚴厲，但是情勢早已不能控制，甚至連那個大班剌佛也早已回國去了，換來了一個新大班，他更有理由可以推託。這個新任的大班名叫波浪，他收到行商轉來的上述南海縣限期交兇的飭諭，竟毫不以為意，只是表示再寄信回國去查問。原稟云：

……前任大班等上年已經稟明，情願擔保此事，公司船回國之後，定要再查……現因上年回國之公司船未有回信，波浪等無從可以查辦……

總之是，愈推愈遠，黃亞勝的被殺案，顯然不容易有明確的結果了。這時，英國駐廣州的船公司大班剌佛，已經交卸，但是尚未成行。南海縣知道了這消息，就稟明總督咨照粵海關，不須發英船出口紅牌，要扣留剌佛，一定要他交出兇夷，方許回國。可是這時新任大班波浪及「二班」益花臣，「三班」巴里，又聯名繼續玩弄花招，表示已不關剌佛之事，要等候本年秋季英船再次來粵貿易，才可以知道消息。

他們聯名遞給總督及關監督的紅牌說：

上年出口之船，必須上年底方能回到本國。前夷等寄與本公司之信，轉稟本國王，諒本年秋冬間方有回信。今風汛現已逾期，務求大人格外施恩，俯賜發給紅牌，俾本國貨船，得以及時回國。俟本年秋冬接到本國公班衙之信，有無查出兇手憑據，即當稟請辦理，不敢稍有徇庇……

除了這封紅稟之外，當時代理外商買辦的十家洋商，如盧觀恒、伍敦元、潘長耀等人，他們都是當時左右廣東稅收貿易的鉅商，竟也一起聯名為英船出口求情，這在以前是決不敢做的，因為官廳可以隨時下令將他們拘押收監。但是這時情勢已經使他們佔了上風，因此居然敢代表外商向官方說話了。他們聯名為英商求情：

茲因該大班等稱：現在出口之船，均非上年來廣之船，是以無從查出。現在該大班剌佛隨今日出口之船回國，所有上年出口之船，係該大班經理。商等遵即轉諭着令該大班於回國之日，務須確實查出委林，送交辦理。不敢稍有徇庇……

因此這十家洋商，就聯名具保請求先發紅牌，放行英船出口，他們具結保證剌佛回國後會確實究查兇夷：

具結行商人十家，今赴大人臺前，結得緣民人黃亞勝身死一案，現剌佛回國，確查有姓委林之兇，得有回信，即曾據實稟明，不敢徇庇，所結是實。

具結的日期是嘉慶十六年正月十四日。過了三天，海關就發出紅牌，剌佛就隨船離去，接着新大班波浪也溜走。這宗頭尾拖了三年的黃亞勝被殺的血案。就在「回國究查兇夷」的花招下，不了了之了。

自從廣東的滿清官員答應犯了血案的英國商民負責人，可以寫信回國去「究查兇夷」，可以不一定遭受停止商船下貨出口的處分後，英國人就往往利用這個辦法來脫身，船公司的大班往往推說這是「官」事，他無權料理，要寄信回國報告究查。這一來，英國人在廣東境內所犯的血案，就往往被拖賴下來，不了了之，不能像乾隆和嘉慶初年那樣，必須抵命賠償，才算了結了。

繼「黃亞勝」一案被拖賴之後，到了一八二一年，即道光元年，在海外伶仃洋面的伶仃島上，又發生了一宗英國兵船水手上岸與鄉人互毆，死傷多人的重大血案，又由於船公司大班表示無權約束兵船水手，雖然封艙禁止商船出口也不生效，竟被肇禍的兵船逃走。雖然官方責令大班要寄信回國去究查兇夷，事實上也仍是作為「懸案」了事。

這次伶仃島事件，發生在道光元年十一月二十一日（公元一八二一年十二月十五日）。事件發生經過是英國護送貨船的兵船「陀巴士」號，停泊在伶仃洋面，水手到伶仃島上岸取水和放羊，吃了鄉民的農作物，鄉民來驅逐，雙方發生毆鬥，鄉民死了兩人，傷了四人，兵船水手據說也傷了十多人，但是沒有死人。這時兩廣總督是阮元，他在事後向道光的奏報，敍述事件發生和辦理經過頗詳，可供我們了解雙方的一些情形。原奏云：

據澳門同知顧遠承稟稱，英吉利國兵船停泊外洋伶仃山，道光元年十一月二十一日，兵船內夷人上岸取水，並帶羊隻赴山牧放。民人地內種有番薯，被夷人摘食，羊隻亦踐食薯苗，又誤將民人酒罎踢翻，民人追奪賠償，互相鬥毆，被夷人傷斃民人。並據洋商呈遞該國兵官禮知遜稟稱，派舢舨船往山取水，村人下來打傷英國人十四名各等語。

臣查督署舊卷向無與該國兵官通行文檄之案，隨飭洋商傳諭該國寓粵之大班等，着先交兇，並委員前往會同新安縣查驗傷斃民夷，分別究辦。

旋據洋商等稟稱，該大班威臣等，以伊係管理買賣事務，兵船與民人相毆，伊不能經管。並據該兵官亦稱，此係官事，洋商大班係貿易之人，不能經管等情。彼此諉延。兇夷既未交出，即受傷夷人，亦不送官請驗。僅據新安縣知縣溫恭驗明民人黃亦明池大河兩名因傷身死，並黃劉氏、黃以錦、黃以贊、黃以昌四人，均被毆傷，先後詳報前來。

臣查該國兵船，係為保護貨船之用，即是因買賣事務而來，該大班何能將買賣兵船分為兩事？況歷來夷人與民人交涉之事，俱係諭飭該大班辦理。該大班既在粵省承管該國事務，該國兵船傷斃民人豈能藉辭推諉？向例，該國夷人如敢違抗天朝禁令，即將貨船封艙，禁止貿易。臣即查照舊章，飭令洋商傳諭該大班，將該國在粵貨船，一律封艙，毋許上下貨物，內有已經滿載之亞地西等三船，准給紅牌，令其乘風開行回國，其餘十船，須候交出兇夷，方准開船下貨。

十數日後，忽據洋商具稟，大班等因不能着令兵官交兇夷，自行退回船上，留稟該洋商轉遞，請給紅牌，率同各貨船放空回國。臣以封艙之事，原令大班着交兇夷，如該國早將兇夷交出，即可早日開艙，不必疑慮。若延不交兇，即貨船放回國，天朝亦斷不留阻，令洋商明白開諭去後，即據洋商面呈，該大班等稟稱，業已遵諭問過兵船總官：伶仃致傷死人兵丁，如何辦理，據總官對云：伶仃之事，果為緊要，我不能作主，回國時必奏本國國主，照例辦理等言，為此謹稟。

臣諭以兵船內夷人既在內地致斃民命，其殺人正兇，現在該國兵船內，天朝定例，應由犯事地方提審究辦。該兵官既知此事果為重要，自應即將兇夷交出，不能以回奏該國主為辭，藉圖延宕。令傳諭該大班等，再向兵官告知，迅速交兇，毋以空言瀆稟。

該大班等在船觀望，不致仍回夷館，亦不率眾開行。復以兵船內受傷夷人未經驗視，屬洋商赴司稟求，經藩司程國仁，署臬司方丙卓，酌委卸任番禺縣知縣汪雲任，及東莞縣知縣仲振履，與水師將備，帶同洋商人等，前往查驗。該兵官禮知遜率領夷兵，免冠擺隊迎接，甚為恭順。驗得夷兵店忽治連治，面色痿黃，臥病在牀，小腹有傷。用藥敷蓋，未便揭驗。據通事傳據該夷兵供稱，被民人推跌，震傷臟腑，並傷小腹，現在腹內十分疼痛。又驗得夷兵威林士左等五名，傷已結痂。據該兵指稱，尚有夷兵威林士蔑等八人，傷已平復。

至船內夷兵致死致傷民人，現在彼此互推，尚未查出。當日實係民人先傷夷人，以致夷兵傷斃民人。並據該委員等訊據洋商聲稱，兵官不肯交出兇夷，其意以為民人先傷夷兵，因而夷兵致死民人，彼國事例，可以不用抵償。該委員等當以天朝律例，僅有罪人拒捕，格殺無論，其餘鬥毆致死人命，無論先後動手，均應擬抵。夷兵在內地犯事，即係化外有犯，應遵內地法律辦理；將律內鬥殺、格殺、及化外有犯各條，簽出指示，並令通事翻譯閱看。據洋商復稱，已告知明白等語。該委員等仍飭查出兇夷，刻日交案，以便提同民人質訊究詳。

比委員回省後，即據洋商轉據該大班等稟稱，該兵船揚帆駛逸，由委員等轉稟到臣。查傷斃民人之兇夷，現在該兵官船內，豈有不能查出之理？其言本屬支飾。據稱該國先被毆傷，後下手致人於死者，無須抵償之語，是否真確，無從而知。且該兵官係屬武員，於該國所辦文案，恐亦未必諳悉，所言原不足信。然該兵官先則不交兇夷，繼因委員等譯出內地律文，向其開導，無可置辯，即忽促潛逃，或竟係狃於該國事例，謬執己見，不肯遽令抵償，亦未可定。但該大班係承辦該國事務之人，仍應着落交兇。復又嚴飭洋商，諄切傳諭。

茲據兩司稟據廣州府及委員等轉據洋商伍敦元等呈送該大班咸臣等稟稱，伊等係屬商人，實難管理兵船事務。且兵船已經開行，伊等實在無可如何。只得將此事本末，寫書寄與伊國公班衙知道。官為奏辦。且兵官禮知遜前亦稟明，回國時必將此事奏知國王，照例究辦。至兵船滋事，實與伊等貿易之人無涉。倘蒙繼令伊等回館，照常開艙貿易，伊等與眾夷商感戴不盡等情。

臣等查該兵船已駛逃，兇夷自必隨往，該大班等現在無從着交，所稟自係實情。現飭洋商傳諭該大班等准令各船開艙下貨，仍飭大班等告知該國查出兇夷，附搭貨船，押解來粵，按名交出，聽候究辦。

至該國護貨兵船，向來或一隻，或二隻，到粵後只許在外洋停泊，派給買辦，一切買物取水，應由買辦承管。今船內夷船，自行赴山，汲取淡水，致肇釁端。臣並諭飭洋商，傳諭該大班等告知該國王，現在粵洋無盜，以後無庸再派兵船赴粵。如果貨船必須保護，亦應嚴飭領兵官恪遵內地法令，彈壓船內夷兵，一切俱由大班管束經理，庶兵船不致恃蠻滋事，大班亦不能藉辭推卸。

阮元的這個奏章，到了道光手上後，他不僅不責阮元放走了肇事的兵船，以致無從責成大班交出兇夷，反而認為「飭令該大班告知該國王查出兇夷，附搭貨船押解來粵」受審的辦法，是妥善可以照辦。事實上，殺人兇手已經送回國了，英國人豈會眞的將他再押解來粵給滿清官員審問？這全是自己欺騙自己的辦法。難怪死者的親屬見了這情形，要上書到都察院告狀，請求伸冤，說「洋商故縱夷匪，兩命莫償」了。

英國兵船水手在伶仃島殺死黃亦明等人一案，死者的親屬黃亦通等人，不滿意官方放走了行兇的兵船，只是傳諭他們回國稟明國王究查兇夷的辦法，在道光二年七月，向都察院上控，說是洋商「故縱夷匪，兩命莫償」，有旨要阮元覆奏，阮元竟為了自己辯護，反而說死者的親屬措辭前後矛盾，難保沒有要訛詐洋商的意圖，要求都察院加以駁斥。同時，他為了表示自己並未放棄追查兇夷的責任，竟實行更退一步的不了了之的辦法，傳諭大班寄信回國查緝兇手，自行正法，了結此案。他在奏章上公然這麼提議：

……因思此案已閱兩年，如果當時該兵官即將兇夷交出，自應在內地立時正法。今既畏罪潛逃，粵東距英吉利數萬里，風汛靡常，與其長途瘐斃，久稽顯戮，或且頂兇塞責，不如即由該本國自行辦理，尚得早為正名定罪。擬於本年該國貨船開行時，由臣等諭飭洋商，傳諭大班，寄字該國公班衙，俟巡船回國時，確查兇夷正身，自行正法，以結此案……

這種自欺欺人的提議，荒唐的是，道光接到了他的這樣奏議後，竟硃批「依議妥辦」。於是這宗血案也成了懸案了。

至於死者親屬所指摘的故意縱兇回國，有沒有這樣的事呢？我們若是參閱一下外國人在這方面的記載，明白當時那些財勢雄厚的洋商，一向交納官府，實在是大有可能的。

據外人編輯的《中外通商原始記》所記本案查辦經過，頗與官方的奏報有點不同。原書云：

是年（即道光元年）陀巴士師船抵伶仃島左右，水手上岸取水，土人以兵械及長竹擊之。船主見事急，即遣兵上岸助之。見土人聚一小市中，乃向市施礮，阻其出，護眾水手回船。水手帶傷回者十四人，土人死者二人，傷四人。船主致書粵督，求理此事，不答，告公局，言英人不抵命者停市。公局見華官枉法，即離粵登舟，起碇開行。粵督復出示云，咎不在公局，但請回粵，惟師船不將兇犯送出抵命者，即令停市。公局不能從，文書經返，逾月迄無定議。洋行家以船主所云是否交出人犯，必稟明本國之說，告粵督，不准。公局仍令開船，益遠。洋行家使公局移文言水手逸去，令華官以此水手當兇手，公局又不許。洋行家又使兵船潛開出洋，數日事當中止。

《中西通商原始記》繼續記載這事經過說：

……公局言，粵中局事及兵船如不分別辦理，永不來粵。而兵船主云：余瓜期將及而行，無容有潛逸名。既而有一華官至伶仃，登兵船，見有受傷之水手，意始釋然，與船主及公局長往來拜謁。期滿，兵船竟去，華官遂言，兵船事不關公局，可通市如故。公局船離粵四十餘日乃返。此粵有司初次知公局不預兵船事也。

道光三年，粵中仍究此事。此船回英，本國證明無罪，本國公局寓言粵督，申辯其柱，不知達否。此事本末，已有成案。

根據這樣的記載，可知廣東的官員起初堅持「天朝法度」，英國兵船水兵殺了人，一定唯負責商務的英國駐廣州的商務代表是問，理由是兵船係護航而來，而且兵船平時採辦食糧，也是由船公司出面代辦，所以出了事情應由船公司負責。

可是船公司的大班辯說他是商務代表，是「民」，兵船是「官」，他管不了官事。又說依照他們本國的法例，互毆致死的不同殺人，罪不致死。更說兵船水手也有受傷的，要求滿清官員派人去驗明。

兩廣總督在初期的公文上雖然表示不理會英夷怎麼說，在內地犯法，一定要依照內地法例辦理。但是，漸漸的態度變了，一切都依照洋商買辦的主張行事，將船公司與兵船分開來，表示兵船水兵犯法，不關船公司的事，因此不會扣留商船，也不會斷絕互市。接着更派委員到兵船去驗傷，又承認兵船與商船的性質有別。如《中西通商原始記》所說的那樣：雙方竟互相「往來拜謁」。結果商船如期開行，兵船也回國。官方說它「潛逸」，它還辯說換防的日期到了，所以要走，決不是「潛逸」。

這樣，逐步變化的表現，顯然是洋商買辦在幕後活動的結果。因此死者親屬說是「洋商故縱夷匪，兩命莫償」，向北京都察院控訴，並不是沒有根據的。可是阮元竟說他們是「難保非為圖詐洋商」，真是完全為自己和洋商袒護，結果自然成為由大班寄信回國：「確查兇夷正身，自行正法，以結此案。」至於他們是否會這麼做，那就不再過問了。

這顯然是承認了英國人在廣東享有「治外法權」，因此，從此以後，英國人在廣東所犯下的血案就不能像過去那樣，受到應有的懲罰，欠下了許多血債，直到今天了。

「香港？你去埋我個份！」

「香港？你去埋我個份！」

這是早年流行在英國的一首「時代曲」。當時英國人不願到香港來，害怕到香港來。無論是殖民地吏、兵士，或是商行的職員船員水手等等，一聽到要奉派到香港來，就皺起眉頭，用種種藉口作推託，不肯到這個地方來。因此就出現了這首流行的歌曲：

「香港？你去埋我個份！」

為什麼原因呢？原來當義律最初用威迫利誘手段，向滿清欽差大臣琦善攫得了香港島後，呈報到倫敦，維多利亞女王起初認為義律擅自簽訂條約，非常不滿，將義律調職回國查問。後來因為他終於給自己在廣州的海岸邊上弄到了一個獨立的鴉片貿易站，不受澳門和廣州的控制，不禁又高興起來，甚至想將這地方的稅收撥給自己的女兒，封她為「香港公主」。

可是，在遠東的英國商人，一起反對這個新殖民地，認為義律將偌大的舟山群島退還給滿清，換得了廣東岸邊的這個小島，實在得不償失。同時，在香港開闢初年，來到這個島上的英國人，不論是商民還是兵士，非常不服水土。駐紮在今日西營盤山坡上的兵士，以及進入黃泥涌山谷四周山上築屋而居的商人，十有八九很快就染上了一種古怪的熱症，直着走進去，結果總是橫着被人擡出來。兵士不得不暫時放棄了山坡上的營幕，暫時回到船上去住。

這種使得英國人抵抗不住的熱症，後來證實是瘧蚊為患。在熱症最猖獗，二百名英國兵士之中，一個月來死去了九十多人，這使得許多人聽了要派到香港去，無不視為畏途，於是就出現了那首流行歌曲：

「香港？你去埋我個份！」

現在，經過了一百多年，這個地方在近年雖然被遊客視為「購物的天堂」，稱為「東方之珠」，可是最近由於港英仇視我們愛國同胞，膽敢向七億新中國人民挑釁的結果，經不起抗暴鐵拳的反擊，政治經濟貿易逐步陷於癱瘓崩潰，已經無法掩飾彌縫，許多人藉了「遊埠」、「度假」為名，紛紛「走頭」，有的甚至提前要求「退休」，以便早日脫身。因此，那些奉派來作「替死鬼」的，無不推三推四，連連搖手。看來百年前的那首舊曲：

「香港？你去埋我個份！」

將要再在他們的「祖家」流行起來了。

香江舊事

葉靈鳳 著

責任編輯 黎耀強
裝幀設計 簡雋盈
排　　版 陳美連
印　　務 劉漢舉

出版 中華書局（香港）有限公司
香港北角英皇道四九九號北角工業大廈一樓B
電話：（852）2137 2338
傳真：（852）2713 8202
電子郵件：info@chunghwabook.com.hk
網址：http://www.chunghwabook.com.hk

發行 香港聯合書刊物流有限公司
香港新界荃灣德士古道二二〇－二四八號
荃灣工業中心十六樓
電話：（852）2150 2100
傳真：（852）2407 3062
電子郵件：info@suplogistics.com.hk

印刷 美雅印刷製本有限公司
香港觀塘榮業街六號海濱工業大廈四樓A室

版次 二〇二四年七月初版

規格 三十二開（200mm × 140mm）

ISBN 978-988-8862-35-1